U0572609

本丛书得到何东先生独资赞助

This series of books is financially supported exclusively
by Mr. Eric Hotung.

20世纪中国文物考古发现与研究丛书

吴 城 文 化

彭明瀚 ／ 著

文物出版社

一　樟树吴城遗址采集
　　青铜凤首器盖

二　樟树吴城遗址出土
　　原始瓷豆

三　新干中棱水库出土
　　青铜圆腹鼎

四　新干大洋洲商墓出土
　　青铜虎耳大方鼎

五　新干大洋洲商墓出土
　　青铜立鹿四足大甗

六　新干大洋洲商墓出土青铜双面人形神器

七　新干大洋洲商墓
　　出土水晶套环

八　新干大洋洲商墓
　　出土神人兽面形
　　玉饰

20世纪中国文物考古发现与研究丛书

序 / 张文彬

  俗称"锄头考古学"的田野考古学的诞生以及中国考古学学科体系的基本完善，由此而引起的古物鉴玩观赏著录向科学的文物学的转变，是20世纪中国学术与文化界的大事。它从材料与方法两个方面彻底刷新了持续了数千年之久的中国古代史学传统，不但为中国学术界和文化界开拓出更加广阔的研究天地，也为一切关心中华民族悠久历史和灿烂文明的人们不断地提供了可贵的精神滋养和力量源泉。

  仰古、述古、探古，进而考古，向来为我国传统文化中一个明显的学术特点。先秦时期诸子百家发其端，汉代司马迁撰写《史记》，北魏郦道元作注《水经》。他们对相关的遗迹遗物，尽可能地做到亲自考察和调查，既能辨史又可补史。这种寻根追源的治学态度，为后世学术上的探古、考古树立了榜样。此后，山河间的访古和书斋式的究古相继开展，特别是对古器物的研究，成了唐、宋时期的文化时尚。不少学者热衷于青铜铭文、碑刻、陶文、印章等古文字的考释，进而有了对器物的辨伪鉴定、时代判断、分类命名等，逐渐兴起了一门新的学问——金石学，涌现出许多著名的古器物鉴赏家和收藏家。只是囿于当时的历史条件，金石学家们无法了解所见文物的出土地点和情况，也难以涉及史前时代漫长的演进历程，因而长期以来始终脱离不了考证文字和证经补史的窠臼。即使如此，他们的艰辛努力和取得的成绩，还是为推动我国传统文化的发展起到了积极作用，并且在事实上也为中国考古学和中国文物学的起步铺设了最早的一段道路。

20 世纪初，近代考古学由西方传入。中国学者继承金石学的研究成果，学习并运用西方考古学方法，开始从事田野考古，通过历史物质文化遗存，探寻和认识古代社会，揭示人类社会发展规律。早在 1926 年，中国学者就自行主持山西南部汾河流域的调查和夏县西阴村史前遗址的发掘。随后，我国学者同美国研究机构合作，有计划地发掘周口店遗址，发现了北京猿人。从 1928 年起至 1937 年，连续十五次发掘安阳殷墟遗址，取得了较大收获，引起了国内外学术界的重视。自 20 世纪 50 年代以后，随着国家大规模经济建设的进行，田野考古勘探、调查和科学发掘工作在全国范围内蓬勃有序地开展，许多重要的典型遗址和墓地被揭露出来，重大发现举世瞩目。它们脉络清晰，层位分明，文化相连，不仅弥补了某些地域上的空白，而且衔接了年代上的缺环，为研究中国古代史、文化史、科学史以及其他学科领域，提供了珍贵、丰富的实物资料，极大地影响着人文社会科学诸多学科专业的研究与发展。这段时间被学术界称为中国考古学的黄金时代。在马列主义理论指导下，具有中国特色的考古学理论体系和方法论逐渐形成。有关研究成果不仅极大地改变和丰富了人们对中国文明起源、中国古史发展等重大问题的认识，同时也扩展了中国文物的研究领域和研究方式。可以说，考古学的发展与进步，直接影响到文物学的形成与发展，而且影响到全社会对文化遗产重要作用的认识以及世界学术界对中国古代文明的重新认识。

从20世纪80年代开始，文物界就中国文物学的创立，逐渐取得共识，在共同探讨的基础上，初步形成了学科体系。不少学者发表了有关论文，出版了专著，就文物的历史价值、科学价值、艺术价值以及在社会主义的物质文明与精神文明建设中如何对文物进行有效保护、合理利用发表意见。这些研究成果已获得学术界的赞同。

在这世纪之交和千年更替之际，对中国考古学和中国文物事业作一次世纪性的回顾和反思，给予科学的总结，是许多学者正在思考和研究的问题。如果能通过梳理20世纪以来重大发现和研究成果，透视学科自身成长的历程，从而展望未来发展的方向，以激励后来者继续攀登科学高峰，无疑是一件很有意义的事。为此，经过酝酿、商讨和广泛征求意见，我们约请一批学者（其中有相当多的中青年学者）就自己的专长选择一个专题，独立成篇，由文物出版社编辑出版一套《20世纪中国文物考古发现与研究丛书》，并以此作为向新世纪的献礼。

从某种意义上说，《20世纪中国文物考古发现与研究丛书》是一套学科发展史和学术研究史丛书。其内容包括对20世纪考古与文物工作概况的综合阐述；对一些重要的考古学文化和古代区域文化研究情况的叙述；对文物考古的专题研究；对重要的文物考古发现、发掘及研究的个例纪实。

此套丛书的内容面广，而且彼此关联。考虑到各选题在某些内容上难免会有重叠或复述，因此在编撰之初，我们要求各选题之间互有侧重，彼此补充，以期为读者了解 20 世纪中国考古学和文物学的发展提供更多的视角。

我国的文物与考古工作，虽在 20 世纪得到了迅速发展，但仍有许多重大学术问题需要进一步探索。我们主持编辑这套丛书，除了强调材料真实，考释有据，写作态度严谨求实外，也不回避以往在工作或研究上曾经产生的纰漏差错和不足之处，以便为今后的工作和研究提供借鉴。虽然我们尽了很大努力，但限于水平，各篇仍很难整齐划一。由于组稿和作者方面的困难和变化，一些计划之中的题目也未能成书。这些不周之处，敬请专家、学者和广大读者批评指正。

在丛书编印过程中，我们得到了文物、考古界的广泛支持。何东先生在出版经费上给予了热情帮助。在此，一并深表感谢。

2000 年 6 月于北京

目　　录

插 图 目 录

前言

赣鄱地区位于长江中、下游南岸，襟江带湖，气候温暖，雨量充沛。东北部、东部是怀玉山、武夷山，南部有大庾岭、九连山，西北部、西部有幕阜山脉，北靠长江，地势中间低、四周高，由南及北、由边及里徐徐倾斜，宛如一个开口朝北的大盆地。赣江自南向北纵贯全境，从盆地中部缓缓流过。源于东、南、西三面山地的大小河流共有二千四百多条。它们构成一个以鄱阳湖为中心，包括赣江、抚河、信江、饶河、修水五大流域的向心水系，汇入鄱阳湖，然后注入长江。山间盆地、山前台地、河谷阶地以及河口冲积平原等处则是人工灌溉技术发明以前古人类生活的理想场所。优越的自然地理环境和气候条件使得这些地区成为古代文化发达之地，商周遗址密集。

江西商代考古的起步比较晚，始于饶惠元先生在清江县（现改名为樟树市）的考古调查。1947－1955 年，他在清江县及其附近地区发现四十七处古文化遗址，其中大部分遗址后来证实属于吴城文化遗址，如筑卫城遗址、营盘里遗址等。饶惠元先生曾尝试对江西地区的古文化遗址进行分期，并将它们分为三期：以黄褐砂陶为代表的下层定为新石器时代晚期，以印纹泥陶为代表的中层定为殷周之际，以印纹硬陶为代表的上层定为春秋或战国时期。此后，这类遗存、遗物虽时有发现，但发表的古文化遗址和古墓葬考古报告中把出土有石器和几何形印纹陶的遗址都统统归入"印纹陶文化"，时代多定在新石器时代晚期或原始社会末期。

新中国成立后，祖国的文化事业蒸蒸日上，科技进步，学术繁荣。江西的文物考古事业有了极大发展，考古资料层出不穷，时有重大发现。考古工作者经过几十年的艰辛耕耘，发现了一大批旧石器时代至商周时期的古文化遗址，出土了一大批精美的文物。考古学家、历史学家们通过对这些文物、标本的研究，初步建立了江西上古史的时代序列，并有了轮廓性的认识，使谜一般的江西上古史重见天日。

从目前掌握的考古材料来看，江西上古史可以上溯到距今10万年前。1962年和1989年，先后在乐平市涌山岩洞和安义县城郊发现过旧石器遗存，说明这一带当时已有古人类活动。四、五万年前的旧石器时代末期遗址在赣北、赣中均有分布，已发现五处，采集到八十多件石质尖状器、砍砸器及刮削器。旧石器时代的先民凭借简陋的打制石器，辟开丛莽，猎取野兽，采集野果，依靠集体的力量书写了赣鄱地区最早的创业篇章。

新石器时代文化较旧石器时代又有了巨大的进步，到目前为止，在江西境内发现了各类新石器时代文化遗址一百余处，其中，万年县大源仙人洞、吊桶环遗址是新石器时代早期文化的代表，是我国华南地区新石器洞穴类型遗址的典型代表，也是我国迄今为止发现的最早的新石器文化遗址之一。在这里，找到了从旧石器时代向新石器时代过渡的清晰地层，出土了世界上最早、最为完整的一件陶器，发现了大批人类遗物。其文化特征是打制石器与磨制石器并存，大量使用骨器、角器、牙器和蚌器，陶器全为手制，胎质粗糙，火候很低，陶色不稳定，器形仅见粗绳纹直口圜底罐。尤其是通过植物硅体化石分析研究，在上层遗存中发现了早期人工栽培稻的信息，震惊了世界。

　　距今约 4500—6000 年的新石器时代中期文化，以新余拾年山遗址和靖安郑家坳墓葬为代表。拾年山遗址既包含华南和东南地区同类文化某些因素，又有其自身特点，前后三期的陶系从红衣红陶到黑衣红陶再到黑衣灰陶，石器以长身弓背锛和有段石锛为主。氏族墓地同时发现有圹穴墓和无圹穴墓，房基平面呈圆形，木骨泥墙，墙壁和柱洞壁均经过烧烤。郑家坳墓地已清理十座长方形土坑竖穴墓，随葬陶器多为黑衣磨光陶，其组合为鼎、豆、壶、罐，盛行三足器和圈足器，石器以大型石刀、钺、铲最具特色。

　　新石器时代晚期遗址已发现三十多处，以修水山背、樟树樊城堆遗址为代表，江西的学者把这一时期的考古学文化称为樊城堆文化。该文化南起永丰县境，北达长江南岸，西起新余市境，广泛分布于赣江、鄱阳湖地域的腹地，即赣江中下游两岸，此后的商周青铜文明就是根基于这一地域的主体文化而发生发展起来的。

　　江西商代文化遗存的确认，是以 20 世纪 70 年代初樟树吴城遗址的发现为开端的，较之 20 世纪初河南安阳小屯殷墟遗址的发现，晚了大半个世纪。1973 年吴城遗址发掘以来的三十年，是吴城文化的考古发现与研究工作确立并获得空前大发展的三十年，在文化年代与空间分布、文化特征、文化发展阶段、生产力发展水平、社会性质及与周边各区系文化相互之间的交流、影响等方面均取得了丰硕的成果，以比以往任何时候都要更加清晰的面貌呈现在世人面前，引起了中外学者的兴趣和思考。虽然专家们对吴城文化的内涵仍然见仁见智，但吴城文化作为长江中游地区一支重要且有代表性的商代文化已成为学术界的共识。

　　1973 年以来，吴城遗址先后进行了十次发掘，共揭露面积 5363 平方米，清理房基三座、灰坑六十三个、水井三眼、墓葬二十三座、陶窑十四座、大型祭祀广场一处及与之配套的红土台基、长廊式道路，出土青铜器、石器、陶器、原始瓷器、玉器及铸造青铜器用的石范等二千余件，发现刻划在陶瓷器、石器上的文字符号二百多个个体。考古工作表明，吴城遗址分布面积达 4 平方公里，土城面积 61.3 万平方米。三十年来，吴城文化遗址的发掘工作从未间断过，对吴城文化的研究工作也从未停止过，研究工作伴随着田野考古工作的不断进展、发掘方法的更加科学、资料的逐步公布而日渐细致和全面深入，研究手段与领域也随着考古学学科的发展得到不断创新和拓展。吴城文化诸考古遗址的科学发掘与研究，尤其是大洋洲青铜器群的发现，证明吴城文化的繁荣时期在赣江、鄱阳湖流域形成了一个高度发达的青铜文明中心。自吴城发现商代遗址和遗物后，江西各地有关商代的遗迹、遗物时有发现，据笔者初步统计，三十年来，江西的考古工作者在全省各地发现了属于吴城文化的遗址二百多处，其中有三项具有里程碑意义。那就是樟树吴城遗址、瑞昌铜岭商周矿冶遗址和新干大洋洲商墓的发现与发掘，吴城遗址的发掘确立了江西商代考古的时代标尺，瑞昌铜岭商周矿冶遗址和新干大洋洲商墓的发掘揭开了江南商代文明的新篇章。可以说，这一系列考古大发现，使江西早期文明研究进入了一个崭新的阶段。三十年来所做的大量的调查、发掘和学术研究工作，在资料积累的基础上做了广泛、深入和全面的分析，研究面广，探讨层次深。不论文化类

型的分型、分期，文化遗址的分布范围与分区，文化发展阶段
与发展过程的基本研究，还是不同典型性遗存的分类研究；不
论聚落形态、社会组织结构等的专题研究；还是青铜器、陶
器、玉器等的个案研究；不论是陶文的考释，还是社会宗教形
态的综合研究等等，考古学文化中的各个方面都取得了辉煌的
成就，在国内外学术刊物上发表了二百多篇观点新颖、立论科
学、论证翔实的学术论文，出版了一批高质量的专著，并随之
涌现出一代优秀的科学工作者。吴城文化的发现与研究过程实
质上是一个新材料不断积累与新方法逐渐加以运用的过程，这
个过程大致可以分为两个阶段。

　　第一阶段（1973－1988 年秋）是文化命名与科学的文化
分期研究阶段。1958 年，江西省成立文物管理委员会，开始
进行科学的田野考古工作。1958－1973 年秋季以前，江西全
境进行的田野考古工作开展不多，对本地先秦文化的认识仅孤
立地限于几何形印纹陶，因而，这一时期所做的考古调查与试
掘工作，往往将商周及其以前的遗存笼统地称为几何形印纹陶
遗存，归入新石器时代遗址。1973－1974 年，北京大学考古
系与江西省博物馆、清江县博物馆组成联合考古队，对吴城遗
址进行了三次考古发掘，揭露面积 1117 平方米，出土相当于
二里岗上层至殷墟时期的遗物五百多件，通过对比分析，确定
吴城遗址为一处商代遗址。这一发现虽然还没有正式提出吴城
文化的命名，但发掘简报对江西商时期的青铜文化的认识有了
突破性进展，第一次从江西的几何形印纹陶遗存中划分出了属
于商时期的遗物，表明商文化曾对江西产生影响，在地层学与
类型学上确立了江西商代考古的时代标尺。

　　吴城遗址发掘后，使我们有可能运用吴城遗址这一时代标

尺重新衡量过去的相关材料，江西的考古工作者惊喜地发现，有一些过去归入新石器时代的遗址，实际上属于商周时期，并从过去的所谓几何形印纹陶遗存中划分出了二百多处属于商时期的遗址，如樟树营盘里、修水山背上层等。同时，随着全省文物普查和大规模田野调查的展开，属于吴城类型的遗址不断被确认，经正式试掘与发掘的主要遗址有筑卫城遗址、樊城堆遗址、新干湖西遗址、九江神墩遗址及德安石灰山遗址等。

1978 年，为了推动南方古代文化的研究，由江西省博物馆和文物出版社联合发起，在江西庐山召开江南地区印纹陶问题学术讨论会。代表们就南方印纹陶和南方地区古文化研究中一些重大理论问题进行了广泛而深入的讨论，在一些问题上取得了较一致的认识，特别是通过对一些典型遗址的剖析，基本排出了南方一些地区古文化发展的系列，初步勾划出了南方地区的古代文化面貌，所以这次讨论会在南方古代文化研究史上具有重要意义。正如讨论会《纪要》中所指出的那样：它是二十年代以来，南方印纹陶问题研究的一次初步总结，也是新中国成立以来，我国南方关于印纹陶问题考古发掘和研究工作的一次大检阅。这次会议对印纹陶问题和吴城文化研究产生了巨大的推动作用。本阶段最大的成就是初步建立了吴城文化考古资料的时空框架，基本弄清了吴城文化的延续时间和分布范围，并为吴城文化的考古与研究工作全面繁荣发展从田野资料积累和基础研究积累两个方面做好了充分准备，为新的飞跃奠定了坚实的基础。

第二阶段（1988 年秋－2000 年）是吴城文化方国地位确立阶段。吴城文化的考古发现与研究，取得了前所未有的进展，进入全面繁荣发展的新阶段，其开始的标志是瑞昌铜岭商周矿冶遗址和新干大洋洲商墓的发掘。这两项重大考古新发现与过去江西各地零星出土的青铜器、吴城遗址发现的铸铜遗迹、出土的石范及其他遗物一起，大大丰富了吴城青铜文化的内涵，对整个江西商周考古工作起了很大的促进作用，揭开了江南商代考古的新篇章，将吴城文化的研究推进到方国文明的新阶段。本阶段经正式考古试掘与发掘的吴城文化重要遗址有瑞昌铜岭商周矿冶遗址、檀树嘴遗址、新干大洋洲商墓、九江龙王岭遗址和德安陈家墩遗址等。吴城遗址也进行了四次试掘与发掘，发现了大型祭祀广场，弄清了长廊式道路的走向，解剖了城墙与城壕。龙王岭遗址的发掘，使我们认识了赣江、鄱阳湖流域早于吴城遗址一期的文化面貌，并以此为契机，确认了一批此前发现的早商文化遗址。这一系列考古工作将吴城文化的研究向深度和广度推进，尤其是大洋洲青铜器群的发现，引发了海内外学术界对赣江、鄱阳湖地区古代文明的重视，一时间，世界各大传媒竞相报道。有关吴城文化，特别是大洋洲青铜器群的研究文章与学术观点纷纷涌现，改变了以往相对沉闷的面貌。

值得一提的是，1993 年 8 月在南昌召开了"中国南方青铜器暨殷商文明国际学术研讨会"，与会代表重点对新干大洋洲出土青铜器的形制、特点、年代、性质、族属及其与中原商文化青铜器的关系还有吴城文化的社会性质、政治结构等问题进行了探讨。代表们各抒己见，热烈争鸣，大大开阔了人们对南方青铜文明的认识视野，使吴城文化的研究呈现出一派新气象，将吴城文化的研究推向一个新阶段——吴城文化方国地位确立阶段。本阶段，公开发表有关吴城文化的论文近二百篇，是上一阶段的四倍，出版相关考古发掘报告、学术专著有《长江中游的青铜王国——新干大洋洲商代大墓》、《新干商代大墓》、《铜岭古铜矿遗址发现与研究》和《江西先秦考古》等。

吴城文化考古研究从起初只能与河南省商代文化做初略比较，发展到本省范围内可做分区比较研究，历经了三十年的历程。吴城遗址发掘后，随着湖南省岳阳铜鼓山、费家河商代遗址的发掘，安徽省含山大城墩商代遗址的发掘和四川省广汉三星堆遗址的发掘，使商代考古学文化的研究拓展到整个长江流域。周边省份的这些发现也促进了吴城文化的研究，扩大了比较研究的范围，丰富了比较研究的内容。

一 吴城遗址的考古发现

（一）吴城遗址的发现与发掘

吴城遗址位于樟树吴城萧江二级台地的山前地带，分布面积 4 平方公里，土城面积 61.3 万平方米，遗址北部有萧江自西向东流去，注入澧水，连通袁水，汇入赣江（图一）。钻探表明，古代的萧江宽度在 60 米以上，是一条较大的河流。江两岸为开阔的平地。吴城遗址是目前所知江西境内面积较大、地位较重要的一处商代遗址，遗址堆积一般在 50 - 60 厘米，

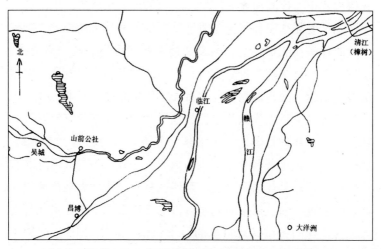

图一　吴城遗址位置示意图

最厚处达2米左右，以第二期文化的地层堆积最厚，分布范围最大，遍及城内各处，而第一、第三期文化堆积范围则明显要小得多[1]。

吴城遗址是1973年8月初为配合兴修吴城水库进行考古调查时在樟树市山前乡吴城村发现的，专业人员在考古调查过程中发现了一些几何印纹陶片，他们出于保护祖国文物的责任心和职业的敏感，及时将调查中的发现上报江西省历史博物馆，并共同将文物标本和照片寄送国家文物事业管理局。经中国科学院考古研究所苏秉琦先生和有关专家鉴定，认为这是江南地区首次发现的夏商时代遗址。同年8月28日，国家文物事业管理局函告江西省革命委员会，要求切实加强吴城商代遗址的保护。

1973年9-12月，江西省历史博物馆考古队与清江县博物馆联合对吴城遗址进行第一次试掘。这次发掘在高地岭之东开探方八个，揭露面积80平方米。1974年元月初，江西省历史博物馆委派李家和将吴城遗址试掘出土和采集的部分文物标本及照片送往北京鉴定。国家文物事业管理局对此非常重视，邀请了中国科学院考古研究所、中国科学院历史研究所、中国历史博物馆、故宫博物院、北京大学历史系考古专业、北京市文物管理处文物工作队等单位的领导和专家，在故宫对这批文物标本和照片进行鉴定。王冶秋、苏秉琦、史树青、李学勤、邹衡、安志敏等著名专家都亲临指导，一致认为吴城遗址非常重要，它不仅是江西而且是江南地区首次发现的大规模商代人类居住遗址，而且对于研究南方古文化以及探索中原文化与南方地区文化的关系具有重要的科学价值。1月12日，国家文物事业管理局再次致函江西省革命委员会，强调必须保护吴城商代遗址。经过文物部门与工程部门协商，决定将吴城水库坝址位置上移 100 米，以避开遗址中心区。

1974 年 3-8 月，江西省历史博物馆考古队与清江县博物馆联合对吴城遗址进行第二次发掘，共开探方二十二个，发掘面积 625 平方米。考古发掘期间，还邀请河南省洛阳市博物馆的三位探工对吴城商代遗址进行全面钻探，获得了遗址文化堆积分布的具体资料。同年 7 月，张汉城、陈柏泉、黄颐寿赴国家文物事业管理局汇报第二次发掘情况，并邀请北京大学历史系考古专业学生秋季到吴城考古实习，支援发掘工作。

1974 年下半年，北京大学历史系考古专业、江西省历史博物馆考古队、清江县博物馆联合对吴城遗址进行第三次发掘。这次发掘共开探方十八个，对城址北段、东段城墙进行了局部解剖，发掘面积 777 平方米。

上述三次考古发掘，共揭露面积 1482 平方米，清理出房基一座、窑炉一座、灰坑四十八个、墓葬十三座，出土青铜器、石器、玉器、陶器、原始瓷器以及石范、陶范等铸铜工具五百余件，几何印纹陶纹饰三十余种，陶文或符号六十六个。根据 1974 秋 QSWT7、1974 秋 QSW（E）T7 二个典型探方的文化堆积叠压关系和典型器物的演变特征，初步将吴城遗址的文化堆积分为三期。1974 秋 T7 地层堆积为六层，第①层为农耕土，第②、③层出土鬲、罐、大口尊、刀、纺轮等，风格相近，第④层为黄砂，无包含物，第⑤、⑥层出土可复原陶器二十多件（图二）；1974 秋 ET7 地层堆积为二层，第①层为农耕土，开口于此层的 H8 和 a、b 二个小坑均打破第②层，第②层与 H8 和 a、b 二个小坑出土物风格相同，该层底部叠压着 H9，H9 又打破生土层，出土物有鬲、罐、豆、盆等，风格与 1974

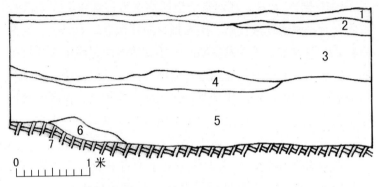

图二　吴城遗址 1974 秋 T7 南壁地层剖面图

秋 T7 第②、③层同类器相近，时间上稍晚于 H9 的 1974 秋 ET7 第②层、H8 和 a、b 二个小坑自然可以定为第三期。这样，就可以将遗址分为前后相继的三期，一期（1974 秋 T7 第⑤、⑥层）相当于二里岗上层，二期（1974 秋 T7 第②、③层和 1974 秋 ET7H9）相当于殷墟早、中期；三期（1974 秋 ET7 第②层、H8）相当于商代末期至西周初期。这一分期成果已得到公认，收入《商周考古》一书中[2]。

1974 年，郭沫若主编的《中国史稿》收录了吴城商代遗址的考古新成果[3]，同时中学教科书也编进了介绍吴城遗址的内容。"商文化不过长江"的旧史记述从此得以改写，南方地区商代考古的年代学标尺得以确立，"荒蛮服地"的商代文明重现人间。

吴城遗址的三期文化，代表着三个不同的文化发展阶段，特征鲜明，演变规律清楚。

第一期文化中生产工具有石锛、石斧、石刀、石镰和陶刀等，石锛分有段和无段二种，陶刀基本上都是马鞍形，其上往往刻划文字或符号。

陶器以夹砂灰色软陶为主，次为夹砂红色软陶，印纹陶较少，尚有少量的釉陶和原始瓷。炊器有鬲、甗形器、深腹罐和鼎等，以鬲为大宗。盛食器有豆、罐、盆、尊、钵和盂等，罐类器种类繁多，以小口折肩罐最多，也最富有地方特色。陶器装饰工艺发达，素面陶仅占4%，其他都普遍装饰有各种几何形纹样，绳纹或粗绳纹为大宗，占89%，次为方格纹、弦纹及圆圈纹等。

青铜器有长柄刀、直内戈和凤首器盖等。十四件陶器或工具上发现有刻划文字、符号三十九个，除单个字体之外，尚有四、五、七、十二个等多字成句者，形体大多与甲骨文中的同类字相近，也有与甲骨文之间存在极为明显区别的，可能比甲骨文年代还要早些。

第二期文化中生产工具与第一期文化大体一致，新出凹刃石斧、凹刃石锛和长援直内戈。

陶器仍以泥质灰陶为主，印纹硬陶、釉陶和原始瓷的比例明显上升。陶器种类比一期文化大为增加，即使相同的器类，形制也有明显变化。比如殷式鬲、深腹盆等演变为颈腹分明的新式样，新出联裆鬲、瘪裆鬲、长颈罐和折沿釜等。装饰纹样方面，粗绳纹、圆圈纹基本上为细绳纹、圈点纹取代，几何纹样由一期文化的十几种增加到三、四十种，增加了诸如凸方点纹、水波纹、米字纹及大方格纹等。

青铜器有锛、斧、凿、直内戈、长骹矛、斝、铜片残件和二百多扇铸铜石范、泥芯、铜渣、木炭、孔雀石等。值得注意的是，有二件锛范，恰好与遗址和墓葬中出土的青铜锛合模，使我们相信吴城遗址二期文化已经有了自己的青铜铸造工业。陶文比第一期文化少，仅在十六件陶器或工具上发现有刻划文字或符号十九个，多数是单字，刻二字者仅二件，形体大多与甲骨文中的同类字相近，属于同一文字系统。

第三期文化中生产工具与第二期文化一致。陶器仍以泥质灰陶为主，兼有夹砂灰色、红色软陶，硬陶、釉陶和原始瓷比第二期文化又有所增加。器类与第二期文化也基本上相同，唯个别器物形制有所变化，鬲类器个体明显变小，甗形器数量有比较明显的增加，可能已取代鬲成为主流炊器。装饰纹样在第二期文化基础上有所创新，如二期文化中最为常见的云雷纹派生出回字纹、回字凸点纹和菱形回字纹等。

本期无青铜器出土，陶文也少见，仅在八件陶器或工具上发现有刻划文字或符号八个。

（二）吴城遗址发掘的意义

吴城遗址的发现在当时是石破天惊式的重大突破。1974年初，在国家文物局组织的吴城遗址考古成果鉴定会上，苏秉琦先生就断言：吴城商代遗址是江西而且是江南地区的首次发现，它的重要性是不言而喻的，不仅具有重要的学术意义，也具有重要的现实意义。李学勤先生认为："在江南发现这样的遗址，是个了不起的事情，中国历史地图应该修改了。"[4]同时，吴城文化的发现，对于人们理解商文化与长江中游地区文化的关系和商时期南方的文化格局，有着至关重要的作用，因而夏鼐先生把吴城遗址与盘龙城遗址一起列为建国以来河南以外发现的最重要的商代遗址[5]。

吴城遗址的发掘及吴城三期文化的确定，澄清了人们长期以来关于印纹陶问题认识上的种种偏差。在解放以前，人们将南方地区零星发现的印纹陶视为汉以前之物。新中国成立后，由于各省、市、自治区文物考古机构的相继建立，考古调查和发掘工作配合经济建设有计划、有步骤地展开，发现印纹陶的遗址日益增多。与此同时，我国的考古工作者较普遍地开始运用马列主义的理论对南方地区的古代文化进行比较和综合的研究，他们把广泛分布在南方各地的这种包含有印纹陶的古文化遗址看成是同一个考古学文化系统，而且认定都属于新石器时代的文化遗址。早在 1954 年，夏鼐先生将长江中、下游新石器时代文化分布描述为："江苏、浙江、福建的出有几何印纹硬陶的新石器文化遗址，既可以增加我们对这些文化分布情况的了解，并且看到同一文化的各遗址间的共同点和小差异。"[6]林惠祥先生认定："印纹陶在中国东南一带最盛，华北很少，应是东南方固有的史前文化。""福建南部的龙岩、武平、惠安、南安、厦门等处自十余年前都有发现新石器时代的遗址遗物，经作者研究都是属于新石器时代后期。南方这些遗址所出遗物都和本遗址大同小异，属于同一系统。""江西樟树镇也发现印纹陶器和有段石锛等物，和本遗址石陶器也相类，樟树镇遗址也是属新石器时代。"[7]此后，提出了"硬陶文化"[8]、"印纹陶文化"[9]、"印纹硬陶文化"[10]之类概念来命名南方古代文化。进入六十年代，由于南方发现印纹陶器的遗址不断增多，尤其是江西樟树盘营里遗址发现了红砂陶层、几何印纹软陶层和几何印纹硬陶层之间的地层叠压关系[11]，即所谓"三叠层"。这种叠压关系的发现，对推动当时南方古代文化的研究起了积极作用，它告示人们，南方地区的古文化遗存同样有着较厚的早、晚地层堆积层序，其印纹陶本身也有发生、发展的过程，从根本上动摇了用印纹陶文化来概括南方古代文化的观点。因此，愈来愈多的同志认为，如果还用"硬陶文化"、"印纹陶文化"或"几何印纹硬陶文化"来命名南方地区的新石器时代文化，显然是不妥当的[12]。饶惠元先生指出："把江西地区的遗址普遍列为新石器时代，现在已经有人认为不够妥当了，不能看成凡是出土石器和陶片的遗址就是新石器时代遗址。""印纹陶与有段石锛仅为其中特征之一，实际上东南区各地出土的遗物颇为复杂，决不可简单化只看到印纹陶和有段石锛两种遗物，便作为文化定名的主要内容。"[13]吴城遗址中既有粗砂陶、印纹软陶，又有印纹硬陶和原始瓷器，它们相互共存，"从陶器质料看，一期以夹砂灰色软陶为主，次为夹砂红色软陶，印纹硬陶比例较小，尚有少量釉陶和原始瓷。二期印纹硬陶比例增大，釉陶和原始瓷出土较多，但仍以灰色软陶为主。三期印纹硬陶、釉陶和原始瓷比二期又有所增加，共达39%，但灰色软陶仍占多数"[14]。这些新的考古材料表明，南方几何印纹陶遗址的文化内容异常复杂，所反映的文化面貌也不尽一致，过去所谓的"三叠层"理论并不科学，不曾真正揭示出南方几何印纹陶问题的内在奥秘。正如苏秉琦先生所言，过去对普查中发现的大量古代文化遗址，大多使用砂陶、软陶、硬陶、印纹陶等等术语来概括报道，对它们后面的"历史之谜"却一直没能揭开[15]，直到吴城遗址发掘之后，打开南方古代文化研究大门的钥匙才算真正找到了。吴城遗址的陶器群初步揭示出南方几何印纹陶的发生、发展和变化规律，证明发达的几何印纹陶器与青铜文化之间有极为密切的关系。这样，就不仅在地层上推翻了过去所谓绝对的砂、软、硬三种地层堆积序列的说法，而且从文化性质上否定了以往把几何形印纹陶看成是新石器时代晚期文化的观点。江西省博物馆印纹陶课题组认为："随着考古调查和发掘工作的不断深入，特别是无产阶级文化大革命以来，我们发掘了清江吴城商代遗址、筑卫城遗址、九江县沙河街遗址。有关几何形印纹陶的一些问题，比以前进一步明确了。特别是吴城商代遗址，地层关系明显，发展线索清楚，文化遗物丰富，延续时间长，大约从商代二里岗期直到商末周初，为探索江西地区陶瓷器拍印纹的发生和发展提供了重要线索。""过去考古界所谓印纹硬陶层、印纹软陶层和红砂陶层的划分是不确切的，有的认为几何印纹陶是江南地区特有的一种原始文化，因而把它称为'几何印纹陶文化'或'以几何印纹陶为代表的文化'也是不切合实际的。""至少在江西省几何印纹陶不是原始社会晚期文化的代表，而是阶级社会早期文化的特征之一。因而沿用已久的'印纹陶文化'这个名称，有必要开展讨论，予以订正。"[16]在1978年庐山印纹陶问题座谈会上，大家一致认为吴城商代遗址是打开江南古文化宝库的钥匙和确立年代学的标尺[17]，从此南方先秦考古和研究工作才真正进入一个新的发展阶段。

吴城三期文化的确定，解决了江西先秦考古的年代序列问题，在此之前，学术界曾把江南地区普遍分布的所谓几何形印纹陶遗存划归到新石器时代，从而造成长时期的考古学文化年代上的紊乱，致使江西的考古研究无法深入进行。吴城文化是江西考古学史上首次出现的地方考古学文化名称，吴城文化被确认为商代文化，就在江西境内、乃至整个长江中游地区确立了商代考古的时代标尺，树立了可靠的年代标准。由此上推，可以分辨出新石器时代晚期文化和夏文化，下推也可以与西周、春秋、战国时期的文化进行比较，使以往的许多模糊认识得以澄清。赣江、鄱阳湖流域的考古工作因此得以全面而科学地展开，考古工作面貌为之一新。1974 年秋，北京大学历史系考古专业、江西省博物馆和清江县博物馆的专业人员在筑卫城遗址的发掘中，首次利用这一时代标尺，将商时期从几何形印纹陶遗存中区分出来，从地层上找到了新石器时代晚期、商、周时期三者之间的地层叠压关系[18]。吴城遗址发掘后，江西的考古工作者自觉地运用吴城遗址的材料重新衡量过去的相关发现，结果看出有一些过去归入新石器时代的遗址，实际上是商周时期的遗址。如 20 世纪 60 年代发现、发掘的万年县西山、斋山等地十九处新石器时代遗址及八处墓葬都是商代的文物遗存，根据对现在资料的初步分析，江西省有将近三百处古文化遗址和古墓葬，其文化内涵主要是商代或周初的一百处，它们分布在二十多个县市，如果加上包含商代至东周时期遗物的遗址，则有二百多处[19]。

　　吴城遗址的发掘与吴城文化的命名为江西先秦史的研究带来了新的信息。由于这一地区历史上未曾形成过一个相对独立的文化区，加之中原地区中心论的正统史观的影响，汉代以前的江西历史，尤其是先秦时期的历史，古代文献中无直接记载，几乎是一片空白，至多只能找到"荒蛮腹地"之类的零星记载，多不经之言。且不说这些材料多不能连缀，仅就中原中心论而言，其真实性、可信度就值得怀疑，难以为信史。不言而喻，假使不加甄别地运用这些材料来复原江西上古史或阐释其演进历程，只能是以讹传讹，不可能得出公允的结论。因此，对江西上古史研究来说，考古资料的分析和应用就显得尤其重要。吴城遗址发现以前，学术界普遍认为商文化没有过长江。吴城遗址地层关系明显，文化遗物丰富，发展线索清楚，延续时间长，从商代前期起一直到商末。吴城遗址的发掘，确立了江南商代考古的时代标尺，为江西商代文明的研究提供了大量实物资料，尤其是出土了一批与中原地区商文化可相互比较的同类器物。印纹陶和原始瓷制作技术比商文化还要先进，已建立了自己的青铜铸造工业，使用与甲骨文一样发达的象形文字，再结合同时期其他文化遗址的材料，可以初步揭示出这一地区古代文明发展的阶段性和规律性，使得湮没三千余年的江西商代文明重见天日，以无可辩驳的事实证明，赣江中、下游鄱阳湖西北岸广大地区的商代文明如同中原一样古老。李伯谦先生在吴城遗址三期文化的基础上，结合江西地区过去已发现的同时期文化遗址的相关材料，归纳出吴城文化的分期与年代及文化特征[20]，李先生的这一结论被学术界普遍接受和公认。吴城文化命名的确立，使得吴城文化开始受到学术界的重视，学者们普遍开始注意到它们具有的鲜明地方特色。

注　释

[1] 江西省博物馆等《江西清江吴城遗址发掘简报》，《文物》1975 年第 7 期。

[2] 北京大学历史系考古教研室商周组编著《商周考古》第 136－140 页，文物出版社 1979 年版。

[3] 郭沫若主编《中国史稿》第一册第 168 页，人民出版社 1976 年版。

[4]《文物考古界座谈清江吴城商代遗址》，《文物工作资料》1974 年第 2 期。

[5] 夏鼐《三十年来的中国考古学》，《考古》1979 年第 5 期。

[6] 夏鼐《清理发掘和考古研究》，《文物参考资料》1954 年第 9 期。

［7］林惠祥《福建闽侯县甘蔗恒心联乡新石器时代遗址考察报告》,《厦门大学学报》(社科) 1954 年第 5 期。

［8］尹达《论我国新石器时代的考古研究工作》,《考古通讯》1955 年第 2 期。

［9］裴文中《中国石器时代的文化》第 57 页,中国青年出版社 1954 年版。

［10］尹焕章《华东新石器时代遗址》第 71 页,上海人民出版社 1956 年版。安志敏《中国新石器时代的物质文化》,《文物参考资料》1956 年第 8 期。

［11］江西省文物管理委员会《江西清江营盘里遗址发掘报告》,《考古》1962 年第 4 期。

［12］蒋赞初《我国东南地区原始文化的分布》,《学术月刊》1961 年第 1 期。

［13］饶惠元《也谈印纹陶的几个问题》,《考古》1960 年第 3 期。

［14］同［1］。

［15］苏秉琦《石峡文化初论》,《文物》1978 年第 7 期。

［16］江西省博物馆《江西地区陶瓷器几何形拍印纹样综述》,《文物》1977 年第 9 期。

［17］彭适凡《关于南方地区几何印纹陶问题学术讨论会纪要》,《文物集刊》第三辑,文物出版社 1981 年版。

［18］江西省博物馆等《清江筑卫城遗址发掘简报》,《考古》1976 年第 6 期。

［19］同［16］。

［20］李伯谦《试论吴城文化》,《文物集刊》第三辑,文物出版社 1981 年版。后收入《中国青铜文化结构体系研究》,科学出版社 1998 年版。

二　吴城文化研究的初步发展

1973 年，吴城遗址的发现与发掘确立了江西商代考古的时代坐标，使我们对很多问题得以重新认识、重新理解，这一年可以作为吴城文化研究开始的标志。本阶段最大的成就是将江西境内的商代文化分为吴城和万年二个类型，初步建立起了吴城文化考古资料的时空框架，基本弄清了吴城文化的延续时间和分布范围，从田野资料积累和基础研究积累两个方面为吴城文化考古与研究工作的全面繁荣发展做好了充分准备。

（一）吴城文化的命名

吴城遗址发掘后，1975 年发表的《江西清江吴城商代遗址发掘简报》中并没有提出吴城文化的命名。1976 年发表的《清江筑卫城遗址发掘简报》中首次使用"吴城文化"这一概念来表述晚于新石器时代晚期的文化[1]。1979 年，北京大学历史系考古教研室商周组在《商周考古》"长江以南吴城文化"一节中再一次把吴城遗址作为赣江、鄱阳湖地区的典型商文化，并根据吴城遗址前三次的发掘成果，对吴城文化的内容进行了初步概括[2]。1981 年，李伯谦先生以吴城遗址一至三次发掘资料为基础，综合当时已公布的江西同类遗址考古材料，对江西商时期的考古学文化进行全面而系统的分析后指出，吴城青铜文化的主要因素具有鲜明的地方特色，与商文化存在明

显区别，进而根据考古学文化命名的一般原则，首次提出了
"将以吴城遗址为代表的这类遗存命名为吴城文化"，并归纳了
吴城文化的特征，提出了吴城文化的分期与年代[3]。他的这
一观点得到普遍公认，为吴城文化的研究奠定了坚实的理论基
础。此后关于吴城文化的研究，都是在这一研究成果的基础上
展开的，因而从某种意义上讲，这是吴城文化具有里程碑意义
的研究成果。商志醰先生在全面分析了吴城遗址的器物形制演
变、器物组合、墓葬和文字诸要素后，认为吴城遗址的经济、
文化和风俗都与中原地区不同，有着江西的地方和民族特色，
吴城文化"已具有文化共同体的诸要素，也就是说，它已初步
具有一定的共同语言、共同区域和共同的生活方式，故而散布
在以江西鄱阳湖——赣江流域为中心的这一类型遗址可以称为
吴城文化。"[4]

当然，也有人认为吴城文化不能命名为一种考古学文化。
李家和先生认为，吴城文化只是商文化在南方的一个地方类
型，"在江西，商周之时的土著文化，据目前掌握的资料看，
似乎有'万年类型'和'樊城堆类型'或'上湖塘类型'等文
化，这些类型的文化，在鄱阳湖和赣江中、下游以至赣江上游
一带均有分布。而'吴城类型'的商文化恐怕不能算是江西的
土著文化，它的分布范围目前尚难确定。既然文化性质明确，
因而另立'吴城文化'名称就显得没有必要了"[5]。

吴城文化是长江中游地区首次命名的商时期考古学文化，
经过三十年的考古发现证实，把吴城遗址作为吴城文化的命名
地，这是当之无愧的。正如李伯谦先生所言：随着长江流域考
古工作的开展，从目前考古学材料已能充分证明此地区在商代
早期已经正式进入文明阶段，这一重大变化又与黄河流域中原

地区夏商文化的参与密不可分，而真正能够证明长江中、下游地区正式进入文明阶段的是以江西樟树吴城遗址为代表的吴城文化[6]。以吴城遗址为中心的赣江中游地区，集中了吴城、大洋洲、筑卫城、樊城堆等众多著名的商代遗址，形成了吴城遗址群，其遗址分布密集、规模大、等级高，使之成为考古学界公认的吴城文化中心。

（二）吴城文化遗址和墓葬的大规模调查与发掘

吴城文化的遗址主要有河岸台地型和台墩型遗址二种。河岸台地型遗址一般分布在山坡东南方的山前二级台地上，附近有小河流过，如吴城遗址、石灰山遗址和龙王岭遗址等。由于长年顺坡而下的流水冲刷，多数遗址的文化堆积已遭到不同程度的破坏，吴城文化遗物暴露于地表或者表土层之下。台墩型遗址一般分布在赣北鄱阳湖湖滨平原地区，是突出于地表一定高度的台墩，近旁有河流或湖泊。由于江南先民有避开水害择高而居的传统，因而这类遗址往往包含多个考古学文化时期的堆积，有的从新石器时代一直沿续到春秋战国，如陈家墩遗址和神墩遗址。

在国家文物局的统一部署和领导下，1981 年开始组织全国各省、市、自治区的文物普查工作。1982 年 4 月，江西省各地文物普查工作全面铺开，在历时二年多的普查工作中，经过全省一千一百多名文物工作者的艰辛努力，发现新石器时代至商周时期的文物遗址一千多处，其中有相当多一部分遗址属于吴城文化。同时，随着全省文物普查和大规模田野调查的展

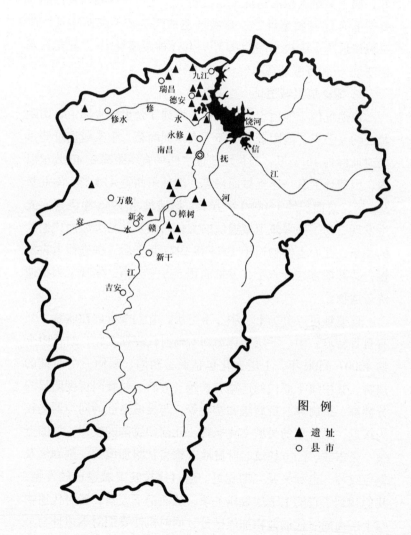

图三　吴城文化已发掘主要遗址地点示意图

开，属于吴城类型的遗址不断被确认，经正式试掘与发掘的主要遗址有筑卫城遗址[7]、樊城堆遗址[8]、新干湖西遗址、牛头城遗址[9]、中棱水库商墓[10]、九江神墩遗址[11]、德安石灰山遗址[12]和万载仙源墓葬[13]等（图三）。

1. 樟树筑卫城遗址

该遗址位于樟树市大桥公社东南约3公里的土岗上，西距赣江约9公里，南距著名的新干大洋洲商墓、牛头城遗址等重要遗址群约10公里，与吴城遗址之间的直线距离在40公里以内，因遗址上有一座土城而得名。遗址东西宽410米，南北长360米，总面积约150000平方米。该遗址系1946年饶惠元先生发现，为了探寻筑卫城遗址的文化内涵及其与吴城商代遗址的关系，江西省博物馆于1974和1977年先后二次进行考古发掘，共开探方二十六个，发掘面积556平方米，发现了大批遗迹与遗物。

该遗址可以分为上、中、下三层，它们既有内在联系，又有自身特点。中、下层文化为新石器时代晚期文化，时代距今约4000-4500年。上层文化包括商、西周、东周三个时期的遗物，其中属于商代的遗物有长颈、方唇、颈腹间折度明显的分裆鬲、折肩尊、折肩罐和纺轮等，与吴城遗址的同类器物较为接近，是典型的吴城文化遗物。几何印纹陶的纹样，如圈点纹、云雷纹、凸方块纹、叶脉纹、锯齿状附加堆纹、刻划纹及篦点纹等，也和吴城二期相近。通过这次筑卫城遗址的发掘，我们找到了它的上下层叠压关系，从而把下层新石器时代遗物与上层商周时代的遗物加以区分，同时也使我们对本遗址与吴城商代遗址的关系有了较为确切的认识。由于筑卫城遗址的地层叠压关系的揭露和遗迹、遗物的出土，使吴城遗址商文化的年代得到印证。本遗址把江西的新石器时代晚期文化、商代文化和东周文化这三个时代的遗物加以区分，这为今后进一步了解长江以南地区文化的全貌提供了确切的地层依据和重要的实物资料。

2. 樟树吴城遗址

在本阶段，我们对吴城遗址进行了三次主动性考古发掘，开探方五十八个，揭露面积 1396 平方米，获得了一批遗物，进一步丰富了吴城文化的研究内容，为探讨该文化的渊源、特点、分期以及社会生产、生活习俗诸问题提供了重要资料。

1975 年 7－9 月，江西省博物馆与清江县博物馆联合对吴城遗址进行第四次发掘。这次发掘共开探方二十一个，揭露面积 671 平方米，共清理灰坑七个、房基一座、陶窑一座、墓葬三座。出土可复原陶瓷器、石范等三百八十余件，新发现七十多个文字和符号[14]。

1979 年 9－10 月，江西省博物馆和清江县博物馆联合对吴城遗址进行第五次发掘。这次发掘共计开探方十五个，揭露面积 175 平方米，发现少量灰坑和一些遗物。发掘期间，还组织技工对大蒜院岭及四周进行了全面钻探，发现一片面积达 3000 多平方米、厚 1－2.5 米的文化堆积，为此后有计划的考古发掘创造了条件[15]。

1986 年 9 月至翌年元月，由江西省文物工作队、清江县博物馆和厦门大学人类学系考古专业组成联合考古队，对吴城遗址进行第六次发掘。这次发掘共开探方二十二个，揭露面积 650 平方米，清理了已暴露于地表的十座陶窑，出土了一批实物资料，并清理出部分重要遗迹现象。本次发掘主要有三项收获：第一，商代龙窑的发现把我国龙窑出现的年代提前了近千年，说明吴城遗址出土的大量原始瓷器是在本地生产的，这是中国陶瓷史研究的重大突破。第二，长廊式道路的发现说明吴城商代遗址不是一般的村落居址，应是一处较大型的聚落遗址或者城邑。第三，通过 T14、T15 二个探方的文化堆积和出土陶器，进一步验证了吴城遗址三期文化划分的正确性与科学性[16]。

3. 德安石灰山遗址

该遗址位于德安县聂桥乡石灰山西南敷阳河旁的二级台地上，高出现今河床 10 - 20 米，属河岸台地型遗址。现存面积约 60000 平方米，文化堆积 0.5 - 2 米不等。该遗址系 1982 年全省文物普查中发现。为弄清遗址的文化内涵，同年秋，江西省文物考古研究所、德安县博物馆组成联合考古队对遗址进行发掘，共开探方十二个，揭露面积 330 平方米，发现房基二

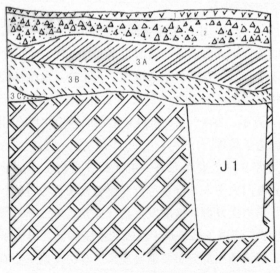

图四　石灰山遗址 T10 南壁地层剖面示意图

座、水井一眼，出土陶、石质文物标本数百件。发掘简报根据地层堆积和陶器器形演变，以 T10 为典型单位（图四）将遗址分为前后二期，第④层和③C 层为第一期，③A、③B 层为第二期。

一期文化遗物中石器有锛、铲、刀和铸铜石范等。陶器以泥质灰陶为主，且大部分挂黑衣或打磨光亮，其次为夹砂灰陶和夹砂红陶、泥质红陶，印纹硬陶、釉陶和原始瓷出土甚少。装饰纹样盛行绳纹和附加堆纹，其他有席纹、云雷纹、菱形纹、方格纹和凸方点纹等。主要器形有鬲、豆、盆、尊、罐、钵、器盖、纺轮和陶垫等，以鬲为大宗。

二期文化遗物中石器有锛、斧、刀、铲、锄、镞、网坠、玉石饰品及铸铜石范等。青铜器有锛、铜片残件和孔雀石。陶器仍以泥质灰陶为主，装饰纹样比一期文化要规整，以细绳纹为主，新出现凸圆点纹、方格凸方点纹、细碎云雷纹及刺纹。主要器形有鬲、豆、盆、罐、器盖、纺轮和陶垫等，以各式罐为大宗（图五）。

两期文化的陶质、陶色、器类基本一致，以泥质灰陶为主，存在一定数量的外挂黑衣陶、印纹硬陶和原始瓷。主要陶器有鬲、豆、罐、盆、器盖和甑形器等，但器型有所不同。例如，瘦高体锥状袋足粗绳纹鬲、高锥状袋足粗绳纹附加堆纹大鬲、矮粗把豆及浅盘高细把豆等只见于第一期文化。装饰纹样盛行绳纹、附加堆纹、云雷纹、菱形纹、方格纹及凸方点纹等，但也有区别。一期文化的绳纹较粗，二期文化就明显变细了。一期文化的凸方点纹到二期文化则演变成凸圆点纹。主要陶器的发展演变规律明显，鬲由折沿微卷、圆唇、粗绳纹、长方体演变为折沿、方唇、细绳纹、方体，盆由卷沿、圆唇、粗

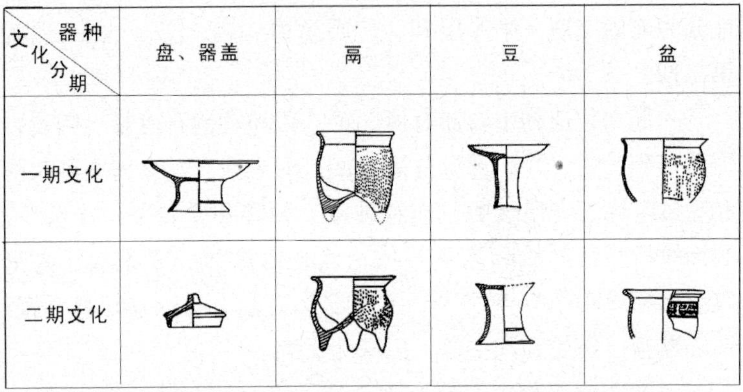

器种 文化分期	盘、器盖	鬲	豆	盆
一期文化				
二期文化				

图五　石灰山遗址一期、二期文化主要陶器

绳纹演变为折沿、方唇、细绳纹。印纹硬陶的数量、纹样和种类也有增加的趋势，表明两期文化在发展阶段上有早、晚之别。发掘《简报》认为一期文化遗存从年代上看，要稍早于吴城一期文化，即商代中期偏早，二期文化则相对的早于吴城二期文化，大约是商代中期偏晚阶段。从深腹盆、伞状器盖和假腹豆等典型陶器造型来看，二期文化不会晚到吴城二期，大体在吴城一期的年代范围以内。

4. 九江神墩遗址

该遗址系 1982 年全省文物普查中发现，位于九江县新合乡境内的长江边，有一条小溪与长江相通。遗址呈土墩形，顶面平整，高出周围农田 5－10 米，面积约 25000 平方米。江西省文物工作队会同九江县文物管理所于 1984 年和 1985 年先后两次对遗址进行抢救性考古发掘，揭露面积 900 平方米，发现新石器时代晚期墓葬及商周水井等遗迹，出土各类文化遗物四百多件。

根据地层堆积和各层出土遗物的演变，将遗址分为上、下两层，上层文化堆积包括第②层，含三小层，属于商周时期文化堆积。出土遗物早晚演变关系明显，代表了早、中、晚三段，分别相当于西周晚期至春秋、西周中期、商末西周初。叠压在②B层之下的2号水井，出土物要早于②C层，因而可以另外分出一个②D层，相当于商末。下层文化堆积为新石器时代晚期。

2号水井中出土物丰富，包括石锛、石镞、石矛、木耜以及陶纺轮、陶鬲、鼎、罐、甗、豆与盘等生产工具和生活用具。陶器制法包括手制和慢轮修整两种，夹砂灰陶和夹砂红陶较多，分别占48.3%和19.37%。黑陶、泥质灰陶、泥质红陶亦有相当比例，分别占16.23%、7.33%和5.63%，另有少量黑皮磨光陶和印纹硬陶。多数为素面陶，纹饰中绳纹占大多数，附加堆纹、篮纹和方格纹比较多，凸弦纹、网格纹、云雷纹、曲折纹、叶脉纹和刻划纹所占比例较少。这些陶器和石器与吴城遗址的同类器物在器形、制作工艺及装饰风格等方面相同，属于同一考古学文化系统。

神墩遗址下层文化堆积为新石器时代晚期，属于樊城堆文化。上层文化堆积内涵比较复杂，从商代一直延续到春秋初年，如按商代和周代两大段考虑，各段所出土的文化遗物亦为江西省商周遗址中常见之器物。该遗址是当时江西省发现的唯一同一遗址内包含新石器时代晚期、商、周三个时期堆积的典型遗址。它的发掘表明过去我们对吴城三期文化的划分是正确的，对江西省先秦考古编年序列的建立和研究意义重大。

（三）吴城文化铸铜石范与
青铜器的零星发现

1. 铸铜石范的主要发现

从铜器产生的历史考察，最早使用的铸型应该是石范，石范铸造是青铜时代的初始阶段。彭适凡先生认为："古代人们用红铜在石头上敲打成器的实践中发现，在石块上凿刻出一定形状的凹槽，灌进铜液，就可以铸成器具，于是石范应运而生……如果说石范铸造是青铜时代的初始阶段的话，陶范铸造则是青铜时代的发展阶段。"[17] 目前所见，最早的石范是甘肃玉门火烧沟齐家文化晚期遗址中出土的石质镞范[18]，属于新石器时代晚期。山西夏县东下冯遗址第三期文化（相当于二里头文化第三期）出土石范六扇，其中四扇为片麻岩制，系斧外范的一部分。第四期文化（相当于二里头文化第四期）出土一扇凿范。第五期文化（相当于二里岗下层）出土石范三扇，其中一扇为镞、凿、斧三个型腔的复合范，另二扇为斧范[19]。上述石范都属于铸铜技术的初期，用于铸造工具或武器。商代后期的石范在安阳殷墟苗圃北地铸铜作坊遗址也发现了一扇，作长方形，一侧已残，范面有两条凹槽，似刻有两个三角形纹，范背面有一凹窝，残长 9.6 厘米，厚 1.4 厘米[20]。山东邹县一处商代晚期遗址中发现残石范一扇，伴出陶片和残铜渣[21]。

石范是赣江、鄱阳湖地区青铜文化的一大特色，吴城遗址历次考古发掘中出土了三百多扇石范（图六），可辨器形有锛、斧、耜、刀、戈、镞、矛等。这一地区出土石范的商周遗址除吴城外，尚有十二个地点（图七），共发现石范二十五扇，可

图六 吴城遗址出土石范
1.刀范 2.锛范 3.镞范 4.蝉纹范

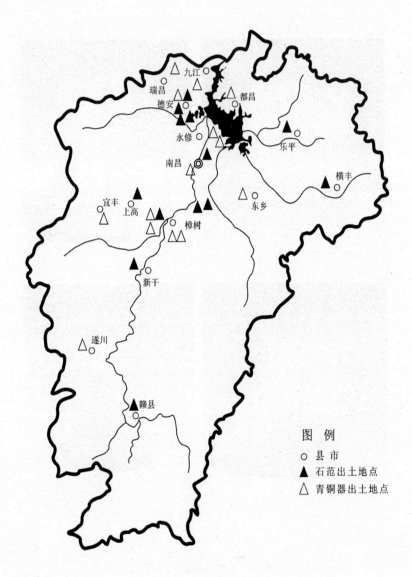

图七　江西商代青铜器及铸铜石范出土地点示意图

辨器形有斧、锛、铲和镞等。1956 年，清江营盘里遗址上层出土石质斧、锛范各一扇[22]。1977 年，清江筑卫城遗址出土石质斧范一扇[23]。1979 年，乐平县凤凰山垦殖场高岸岭商代遗址采集石范二扇[24]。1977－1980 年，樊城堆遗址三次发掘中共出土石范六扇[25]。1980 年，赣县白鹭公社官村大队圆背岭商周遗址出土石质斧范一扇[26]。1981 年，永修县新祺周绍溪山商周遗址采集石范一扇[27]。1982 年，上高县泗溪公社中宅大队鹭鸶岭商周遗址发现石质锛范、镞范各一扇[28]，德安石灰山商代遗址出土石质范锛、镞范三扇[29]，横丰县舒家山商周遗址发现石范一扇[30]。1992 年，德安县米粮铺乡猪垅山商代遗址出土石范一扇，黄牛岭商周遗址出土石范二扇[31]，德安县米粮铺乡袁山商周遗址出土石范一扇[32]。1993 年，德安陈家墩商周遗址出土石质铲范二扇[33]。上述石范出土地点与该地区青铜器出土地点大体一致。这些石范，大致有如下五个特点：第一，选材均为质地较软、便于挖凿的粉砂岩，椭圆形浇注口，正面扁平，侧面圆滑无棱角，这种形体的石范在浇铸器物时，利于散热，使金属液迅速冷却定型，能促进生产效率的提高。第二，浇注口均开设在所铸器物的柄部，范面打磨光滑，非常有利于金属液体的顺畅流注。第三，多数为一范一器，刀、镞等亦见一范二器或多器者。第四，绝大多数是两扇合范，刻有合范的记号，有的在一端的两侧刻有很浅的纵凹槽或横凹槽，有的在一端的两侧又刻有纵、横凸棱，有的在一端的两侧刻有乳钉式的凸起，有的却又刻有浅窝似的榫眼。第五，石范均用于铸造工具和武器，未见用于铸造容器者，仅见用于铸造容器的型芯，这是因为石材质地坚脆，纹理粗糙，不宜镌刻繁缛细腻的花纹，难以解决铸造大型容器的工艺问题。

2. 青铜器的零星发现

青铜器在三代社会生活中处于中心地位，既是通天的工具，又是政权的象征。所以，在商代，青铜器是贵族身份的象征，只有他们才能拥有青铜礼器。贵族们死后要有大批青铜礼器作为殉葬品埋入墓中，以便其在阴间继续享用。我国古代的盗墓之风在战国时代就已兴起，秦汉尤盛，《史记·货殖列传》云："闾巷少年，攻剽椎埋，劫人作奸，掘冢铸币，任侠并兼。"《说文解字·叙》云："郡国亦往往于山川得鼎彝。"

据文献记载，江西地区从魏晋时期起，历代都有青铜器出土，分别出于南昌、丰城、修水、吉安、吉水、瑞金、南康、波阳、宜黄、进贤、上高、高安、奉新、樟树、分宜十五县（市），主要分布在赣江及其支流沿岸地区。器种有容器鼎、甗，乐器钟、铎，兵器戟、剑，以钟居多，达一百多枚，以出土于临江的者减钟最为著名[34]。这些青铜器绝大多数没有铭文，由于缺乏考古地层学的依据，除者减钟、徐义楚甗数器外，均无法断定其时代，给科学研究带来了一定困难。

解放后，随着新中国考古事业的不断发展，江西地区商周青铜器时有出土，且多与几何印纹陶器伴出，为我们断定其时代提供了便利条件。至1988年，江西境内出土商代青铜器十五批计五十三件。1957年，东乡县城郊发现青铜鼎一件[35]。1973－1974年，樟树吴城遗址发现青铜器盖、斧、凿、戈、斝（图八）各一件，锛、刀各二件，共九件[36]。1974年，都昌县大港公社云山大队乌云山出土青铜甗一件、斧二件、锛六件，共九件[37]。1974年，永修吴城公社松峰大队发现青铜镞二件[38]。1975年，樟树吴城遗址第四次发掘出土青铜刀、矛各一件[39]，樟树三桥公社横塘大队锄狮脑山丘出土青铜扁足

图八 吴城遗址出土的青铜斝

鼎二件[40]，南昌李家庄废品仓库发现青铜锛一件[41]。1976
年，樟树吴城遗址发现青铜戈二件、矛一件，共三件[42]，新
干中棱水库出土青铜鼎八件、甗二件、爵一件、镈一件，共十
二件[43]。1979 年，南昌市郊出土青铜铲一件[44]。1982 年，
德安石灰山商代遗址出土青铜锛一件[45]。1984－1985 年，九

江县神墩遗址出土青铜镞二件[46]。1985 年，宜丰天宝乡出土青铜铙一件[47]。1986 年，遂川县出土提梁卣一件[48]。从上述发现来看，各地出土青铜器同样是集中在赣江及其支流沿岸地区，以赣中的樟树盆地最为集中，与历史文献记载基本一致。

（四）吴城文化的初步研究

1. 吴城文化的性质

吴城文化的性质是大家最为关心的问题，很多学者进行了有益的探索，大家对此认识并不一致，归纳起来，主要有中原商文化一个地方类型说和土著说二种不同的意见。

多数学者认为吴城文化是赣江、鄱阳湖流域一支与商文化存在明显区别的地方文化，既具有浓厚的地方特色，又带有一定的商文化色彩。但对于吴城文化的分布范围则有分歧。彭适凡先生认为吴城文化是分布于江西全境的一支商代考古学文化，包括吴城类型和万年类型，"主要地分布在鄱阳湖——赣江中、下游地区的一支青铜文化，而以赣北地区最为密集，东和东南已达武夷山下，进入闽地；西和西北至湘赣边境和幕阜山下；北和东北可达长江沿岸和皖赣交界的山区"[49]。李伯谦先生也持类似观点[50]。随着考古工作的全面展开，考古材料不断丰富，逐步显示出赣江、鄱阳湖东、西岸之间的商时期文化面貌差异是明显的，因而 1989 年彭适凡先生为《文物考古工作十年》写《十年来江西的文物考古发现与研究》一文时，对自己原来的观点做了适当修正："60 年代发现的万年遗址和墓葬，一方面表现出与吴城文化相同的因素，另一方面又表现出与吴城文化有某些差异。几年来，随着各地遗址不断发现，尤其是 1983 年鹰潭角山商代窑址的发掘，出土了大批陶瓷器皿和陶支座、陶垫、陶拍等制陶工具，还在不少工具和器皿上发现刻划文字或符号计一千五百余个。角山窑址出土陶器的胎质、制法、器形和印纹陶纹样，以及总的文化面貌都与万年类型一致，而与吴城文化不尽相同。如带把钵、罍、支座和三足盘等在吴城不见，而吴城大量出土的鬲在角山也不见。因此，当可把万年——角山看成同一文化类型，是商代江西地区有别于吴城文化的另一支青铜文化，它主要分布在赣东北部分地区，并进入相邻的浙、闽境内。"[51] 这样，吴城文化的空间分布范围就收缩至赣江、鄱阳湖以西，与李家和先生所主张的吴城类型基本一致。

李家和先生在全面分析了吴城青铜文化"其内涵既有浓厚的夏商文化因素，又有明显的地区特色"之后，认为吴城文化是"自中原南迁来的三苗氏或华夏族文化与本地土著文化相结合的产物，是构成商周时期越族文化的有机组成部分"。并指出："吴城遗址文化与中原商文化的一致性是明显的，主要的。这种文化上的一致性，既有与中原商文化大体相同的年代序列、社会发展阶段和差不多相同的生产力发展水平，还有与中原商文化基本相同的考古学文化面貌。这样的一致性，如果没有民族文化的同一渊源和政治上的统一联系，那将是不可想象的。因此，根据吴城遗址青铜文化本身所固有的与中原文化相一致的特点，再结合历史文献记载和几年来对吴城遗址发掘所获，其内涵既有浓厚的夏商文化因素，又有明显的地区特色。从地理位置看，吴城此地正是自中原南来的三苗之居的一个点。吴城文化本身就属于夏商文化之列，只是南来后与江西本地的土著相结合，才又有了不同于中原夏商文化的一些特点。"

"吴城类型商文化遗存，主要是从黄河流域的山西、河南等地南来的。这是因为夏商王朝的统治中心是中原地区，统治者为了控制南方和夺取江西的铜、锡等资源，就必须派其亲近的臣僚带兵来争夺和驻守。"[52]赵峰先生对遗址出土部分陶文进行研究后，认定其中有二件器物是祭祀祖先的，这同殷墟卜辞中大量祭祀祖先的记载是吻合的。殷人之所以对祖先的祭祀非常重视，原因在于：一是殷王朝是一个种族奴隶制国家，由于血缘关系，他们崇拜祖先的观念特别浓。他们以为祖先同上帝一样会永远保佑着他们，于是殷人的祖先就成了人格化的宗祖神。二是远离中原的清江陶文上关于祭祀上甲的活动也屡见于卜辞，这说明殷人的祭祀祖先起着维系奴隶主阶级内部团结的作用。三是殷人大量地、隆重地祭祀祖先，起着保持奴隶主阶级威严的作用。四是《左传》曾直言不讳地说"国之大事在祀与戎"，吴城陶文的祭祀祖先，就是殷人崇拜祖先神灵的具体表现，其居民"虽居住于今天的清江县，远离中原，但仍是殷人的一支，祭祀其远祖上甲"，与中原"有着同一语言文字"，吴城文化是中原商文化的有机组成部分，也就是说，属于商文化的范畴[53]。需要特别指出的是，赵先生在摹写吴城陶文时，出现了小小的失误，其中并没有"上甲"，该符号是当地干栏式建筑的象形，樟树筑卫城遗址还曾出土过此类建筑物的模型。

我们注意到，争论双方的观点还是比较接近的，主张是商文化一支的，也充分肯定其有浓厚的地方特色，有土著的固有文化因素；主张是土著吴城文化的，也承认其中包涵了强烈的中原商文化色彩。因此，如果我们把考古发掘工作做得更细致一些，在此基础上采用科学的文化因素分析方法，对这一地区的商时期文化进行全面分析，搞清孰重孰轻，最后才能真正界定它到底是属于一种独立存在的考古学文化还是商文化的一个地方类型。

2. 吴城文化的分期与年代

李伯谦先生提出了吴城文化的命名，划定了吴城文化的空间分布范围，在综合分析了吴城文化多处遗址出土的遗物后指出："若以吴城遗址所分三期为标尺，衡量这类遗存中经过正式调查发掘的遗址，则可看出，某些遗存有可能早于或晚于吴城遗址，但因发掘面积不大，文化面貌不清楚，它们与吴城文化的关系尚不肯定。因此，根据目前的资料，可以认为吴城遗址所分的三期基本上代表了吴城文化的分期。"[54]他的这一观点，基本上已经成为学术界的共识。

1974年初，在国家文物局主持下，邀请了中国科学院考古研究所、中国历史博物馆、故宫博物院、中国科学院历史研究所、北京大学历史系考古专业、北京市文物管理处文物工作队等十三个单位的专家和文物考古工作者，对送达的吴城遗址部分文物标本和照片进行了审查和鉴定。在鉴定会上，专家们一致认为，吴城遗址的年代在商代，苏秉琦先生指出吴城遗址的主要堆积是商代的，和二里岗相等，或是商的前期。遗址堆积本身延续时间相当长，也有比二里岗早的或晚的。整个遗址分三大段，一段可早于二里岗，二段相当于二里岗，三段相当于殷墟和周初，每段大体有三百年左右。是否如此，这还要今后继续工作了。安志敏先生认为："吴城这批材料的确重要，出土的铜斝比湖北黄陂盘龙城的要早，遗址比湖南宁乡的要早，总体与盘龙城的差不多。时代没有问题，是商代遗址，它与中原文化有共性，但也有其自身的文化特点，值得研究。"[55]关于吴城文化各期的绝对年代，存在细微差异，主要表现在三期文化年代的下限上。《简报》认为吴城一期常见的鬲、盆、豆、罐等器物，与郑州二里岗商代遗址的同类器物较为接近。吴城二期的鬲与安阳殷墟早期的鬲近似。吴城三期的扁体瘪裆鬲与西周初期的典型瘪裆鬲基本风格一致。唐兰先生根据上述论断则进一步明确提出："第一期相当于郑州二里岗上层文化，时间为商代中期，第二期相当于安阳殷墟文化的早期和中期，第三期约略相当于殷的晚期，可能延续到周初。"[56]持此观点的还有彭适凡先生[57]。李伯谦先生认为，《简报》和唐兰先生对一、二期的估计基本上符合实际情况，不过二里岗上层究竟属商代中期还是早期尚有不同意见，需要讨论。至于三期流行的鬲与西周瘪裆鬲相似，从而推定其时代可能由晚商延续到周初。经过细致的比较研究，两种鬲并不同，吴城三期鬲的裆部并不像西周初期瘪裆鬲那样下凹。弧裆的特点虽有些相似，但这种作风在吴城二期已经出现了。吴城二期和三期有些器物很难分别，可以看出是紧相衔接发展下来的。从 73 正 M3 出土铜斝来看，形制与藁城台西出土铜斝相似，时代不能晚于殷墟二期，那么与二期紧相衔接的三期的年代也不会晚至西周，应与殷墟三、四期相当。这就是说，吴城遗址和以吴城遗址为代表的吴城文化的年代基本上不超出商代[58]。

3. 吴城文化的族属

关于吴城文化的族属，基于对其文化性质的不同认识，主要存在二种观点。李家和先生认为："吴城遗址文化是自中原南迁来的三苗氏或华夏族文化与本地土著文化相结合相融合的产物，是构成商周时期越族文化的有机组成部分。"[59] 1989

年，李家和先生又将自己的观点修正为吴城文化是中原商文化的一支，"它的族属是'雀'或'其'，它们受命来江西，其主要任务是保卫南北大通道和源源获得铜、锡资源，因此含有军事占领的性质"[60]。

持土著说者认为其族属是当地的土著民族，至于是哪一个民族，则存在一定分歧。唐兰先生认为清江这个地区在商代已有相当高的文化，这是十分重要的。清江离九江和彭蠡都不远。湖南地区在《禹贡》里是属于荆州的，而江西省西部则属于荆扬两州的交界，浔阳的九江还属于荆州，而鄱阳的彭蠡就属于扬州了。赣江从西南来。经过清江，向东向北注入鄱阳湖。袁水从西来，在清江地区与赣江会合，在《水经注》里称为牵水。这是交通要道，这里发现的遗址，在当时显然是一个都邑，当然这种都邑的规模不是很大，但它已经有青铜器的铸造场所，则是很明显的。在记载里，我国古代东南地区居住的民族主要是越族。《竹书纪年》记周穆王三十七年，伐越，大起九师，东至于九江。九江就在清江以北，那么，清江在商代可能是越族的居住地。

彭适凡先生从文化内涵研究入手，经过反复分析比较后，认为吴城文化是"与中原商民族有甚为密切关系的古越族的文化"，"远在 3000 多年前，以吴城文化为代表的南方地区已有高度发达的青铜文明。由此也可以推论，这里已经建立了奴隶主政权，它与中原殷商王朝并存，或者是殷商王朝的方国之一。它建立在本地区传统文化的基础上，论族属应是大越民族的一支——越人"。彭适凡先生还进一步推定其为"扬越"，他认为当时扬越的地域不仅仅包括鄂东南以及湖南与江西的大片地区，其东大体以鄱阳湖为界，今鄱阳湖以西的赣北、赣西北及赣江西岸都应是扬越的聚居地[61]。

商志䃣先生根据相关文献记载，从历史地理学的角度进行了考证。他认为，在商代，江西并不在扬越的版图之内，吴城文化是属于奴隶社会范畴的，它的主人是古代的三苗[62]。

4. 吴城文化的制陶业

赣鄱地区是中国印纹硬陶的发源地之一，这一地区的制陶术起源于万年仙人洞时期，距今一万年左右。经新石器时代几千年的发展，至商代，陶瓷制造业发生了巨大变化，无论是器物种类、制作工艺、装饰艺术还是烧造技术都有了较大的发展。印纹硬陶和原始青瓷两项引人注目的技术成就问世，是当时制陶术的杰出代表，使得制陶业拥有同时期文化中最优秀的陶工、最先进的技术和最为精美的陶器群，其技术和产品源源不断地输入周边地区，给周边地区文化的发展和文明的进步产生巨大影响。

在商代，陶器是普通劳动人民最基本的生活日用品，陶器的种类，按其用途，可以分为如下二大类。

生活用器主要包括贮器、炊器、食器和酒器。这些器种都是属于传统的陶器种类，到了商代，只是形制有所发展，种类有所增加而已。比如，在炊器中，传统的鼎、鬶基本被鬲取代，还新出蒸食用的甑和甗形器。贮器中，罐逐步取代缸，新出大口尊，大口折肩尊和瓿等器种。食器中的碗、钵、圈足盘逐渐减少，新出假腹豆、盂及簋。酒器中除壶、小盅外，新出罍、斝等新器种。不过，酒器在吴城文化诸遗址中始终不发达，即使是与中原商文化接壤的赣北九江神墩、德安石灰山及陈家墩等遗址中也很少见到。

吴城文化的陶质生活用品，大致情况是：贮器有小口折肩罐、折腹罐、长颈罐、垂腹罐、球腹罐、大口尊、大口折肩尊、折肩瓮、盆、瓶以及大口缸等，以小口折肩罐、大口折肩尊、折肩瓮为大宗，也最具地方特色。炊器有鬲、甗形器、鼎、甑和深腹罐，第一、二期文化以鬲较为常见，第三期文化以甗形器为大宗。食器有真腹豆、假腹豆、簋、盘、碗、钵及盂数种，以假腹豆、真腹豆为大宗，到吴城三期，真腹豆数量明显比假腹豆要多。酒器仅有小盅、斝、壶等几种，数量少且形制单一。

吴城文化的陶质生产工具，主要有纺织用的纺轮，切割用的陶刀，捕鱼用的网坠，制陶用的陶垫、陶印模、陶拍、陶范以及铸造青铜器用的陶范、范芯等，这些器物在各遗址中均有出土。其中，以模制马鞍形陶刀最具地方特色，出土总数在二百件以上，多双孔，单面刃，有陶质的，也有原始瓷质的，有素面的，也有刻划或压印方格纹、圈点纹或叶脉纹等几何纹样的。这类陶刀出土时绝大多数在中间断成两截，说明它们是作为收割用的一种实用工具。

经检测表明，吴城文化的先民已懂得选土炼泥，选用不同的黏土烧制软陶、硬陶和原始瓷。制软陶，选用一般的可塑性好的易熔黏土；制硬陶，选用 Fe_2O_3 含量比较低的黏土；制原始瓷，则选用瓷土。吴城遗址周围瓷土贮藏丰富，1995 年的发掘中，在制陶区发现了成片瓷土，是吴城先民用瓷土制作原始瓷器的极好物证。据我们对陶器表面进行的观察，所使用的陶土大部分经过淘洗，夹砂陶由于羼砂的比例和砂粒的大小不同，成分比较复杂，炊器类如鬲、深腹罐等一般砂粒较粗，羼砂比例大，砂粒明显外露，器表粗糙。部分泥质陶由于陶洗程度的差异，含有一定比例的细砂。硬陶类由于使用黏土成分的不同，加之陶洗较为彻底，一般胎体较为纯净，器表较为光滑，但个别器物如炊器类硬陶，需要羼和一定比例的砂粒，以增加耐火度，这是因为用途的差异。

商代赣鄱地区陶瓷器的拉坯成型技术，据长期从事南方印纹陶研究的彭适凡先生总结，主要有手制法、泥条盘筑法和模制法三种[63]。

手制法是新石器时代以来就广为流行的传统而简易的制陶方法，一般多用于制作小型器物或器把、器耳、器足等附件。其缺点是器形不甚规整，器壁厚薄不均。陶鬲的足尖均是用手制法层层包裹上去的。

泥条盘筑法是商代新兴起而又极为流行的一种制陶方法，用这种方法制陶，必须配备一辆陶车，因而有的学者又称之为轮制法。

彭适凡先生长期从事南方印纹陶研究，他以小口折肩罐为实例，剖析吴城文化制陶方法。他认为当时陶器成形的整个过程基本是在慢轮上进行，从器底做起，将已炼好的泥块放在陶车上压平，修成圆饼形，圆饼四周的断面修削成斜坡状，面径大于底径，这就是器底。然后用右手执直径约 2－3 厘米不等的泥条，以左手掌为依托，将泥条挤压成泥片，圈接在器底四周的斜面上，形成一圈下接器底、高约 4 厘米的器壁，用手在上沿捏成内高外低的斜面，作为接塑第二圈的接口。然后在第一圈泥条的外侧盘塑第二圈器壁，接着用同样的方法向上盘塑，直至器口，这就是小口折肩罐的"粗坯"。"粗坯"成型后，要用陶垫衬内壁，用陶（或竹、木）拍拍打外壁，使内外平整、结实。接下来的工序是修整，用工具将唇、沿压平，转动陶车，修削器表，待晾干后再用蘑菇状陶垫在器底中间由外向内挤压，形成圜凹底，至此，一件小口折肩罐的坯就算制作成型了。

模制法是指用预制好的范模制作陶瓷器的方法。吴城文化的陶镰、马鞍形陶刀均用此方法制成。吴城遗址出土过一方马鞍形陶刀范，硬陶质，上面阴刻一周圈点纹，正好与该遗址中所出土的马鞍形陶刀合范[64]。

模制法极为简便，适用于批量生产，吴城地区出土的数百件马鞍形陶刀、陶镰就是很好的物证。

实际上，大多数陶器并不是仅用一种方法做成的，陶器制成后，都要经过打磨、修刮，模制后要经轮旋。整修是制作陶器的重要环节，根据器皿上留存的痕迹分析，整修的方式大致包括轮修、削修、拍打等，轮修主要是对口沿部分的拼接处进行修整，胎体上多留下轮旋的痕迹，削修是在胎体上进行，使器壁均匀，饼足、圈足和鬲足足根多见此类削修痕迹。拍打则是用陶垫衬在器皿的里面，外用木拍拍打，再用带纹饰的拍子

图九 吴城文化陶罐上的轮旋纹

拍打，形成各种纹样。拍打的功能主要是加固陶坯，使坯体和拼接处相对密实，其次是起修整坯体的作用，再次是拍打出纹饰起装饰作用，这样在同一器物上往往留有多种制法的痕迹。例如炊器中的鬲，三足为模制或手制，然后与腹部捏连在一起，口、颈部位多用轮制（图九），以使造型规整。又如圈足器中的豆，大都是器身与圈足分别轮制，然后用手制法将二者黏合在一起，再用轮制法进行表面抹光，从脱落下来的圈足和豆盘的断口来看，衔接痕迹非常清楚，这些现象无疑都是二次工序的结果。至于大口折肩尊、折腹罐、折肩瓮、大口缸、盆与直颈罐等多是采用手工的泥条盘筑法和轮制法相结合做成的，多数器物的唇部和沿面留有清晰的轮旋痕。

陶瓷器既是先民们的基本生活日用品，同时又是弥足珍贵的艺术品。早在新石器时代，赣鄱地区的先民们就已能在陶瓷器上拍印出各种几何图案来装饰陶瓷器器表，以满足审美的需要。

陶瓷器坯体经拍打成形后，多数器物要用陶拍拍打或用印模印出各种精美的几何纹样[65]。

吴城文化一期，陶瓷器上多数拍印粗绳纹、方格纹、圆圈纹、弦纹、云雷纹、篮纹、S形纹、曲折纹、蚕纹与花瓣纹等几何纹样（图一〇），以粗绳纹为大宗，几何纹不发达。

吴城文化二期，陶瓷器器表除少量的粗绳纹和圆圈纹外，大部分被绳纹、细绳纹以及带有浓厚地方特色的圈点纹所取代，几何印纹纹样得到了很大的发展，从吴城一期的十几种增至三十多种，诸如凸方块纹、回字纹、三角窝纹、凸圈点纹、米字纹、菱形纹、菱形填线纹、横人字纹、水波纹、席纹、曲折纹、叶脉纹、菊瓣纹、长方形方格纹、交错绳纹和重回字对

图一〇　吴城遗址第一期文化陶器的主要纹饰
1. 粗绳纹鬲　2. 圆圈纹折肩罐

角交叉纹等（图一一）。拍印工艺也大为提高，一件器物上同时装饰多种纹样，各种纹样组合得体，排列有序，疏密有间，说明陶工们在拍印过程中，对纹饰的组合以及空间布局都进行了精细的艺术构思。如小口折肩罐，盖面多饰以圈点纹并界以二道凹弦纹，腹部、肩部连接处饰两周圈点纹，腹部多饰以方格纹。

　　吴城文化三期，陶瓷器上的几何纹样基本上与二期相同，但粗绳纹和圆圈纹已为细绳纹和圈点纹所取代，同时，个别纹样也有新的演化和发展，二期的回字纹在本期变得更松散、更大块，并演变出菱形回字纹和回字凸点纹等（图一二）。拍印工艺也有明显提高，有的器物上竟同时施以四种以上的纹样。如吴城 1974 年秋的发掘中出土的一件长颈罐（标本清吴 1974 秋 ET9H11：18），颈稍高且直，口微敞，尖唇，圆腹，小凹

图一一 吴城遗址第二期文化陶器中的圈点纹器盖

图一二 吴城遗址第三期文化陶器中的长颈罐

底，口沿上有一周凸棱，颈部饰篦纹和数道弦纹，腹部饰席纹，肩部饰三个对称的小圆饼钮[66]。

陶瓷器纹样的装饰技法有拍印、刻划、彩绘和堆塑四种。拍印法是指用刻好了纹样的陶、石质印模直接拍打在器物坯体上。吴城文化的印模常见蘑菇状陶模，石质印模也曾有发现。

刻划法是指用竹、木质尖状物在器物坯体上刻划出纹样，如弦纹、戳刺纹、篦点纹等均用此法刻划而成。纹样的精美程度直接取决于施划者的熟练程度，因而，吴城文化的几何印纹纹样的精美程度存在一定的地域差异。吴城地区的印纹纹样，拍印规整，构图巧妙，相比之下，其他地区的同类纹样显得要粗糙一些。这主要是因为，吴城是当时赣鄱地区的政治、经济、文化中心，集中了当时的制陶高手，拥有一支专业的陶工队伍，他们长期专门从事制陶业，掌握了比较熟练的制陶技术。像新干大洋洲出土的一件小口折肩陶罐上刻有"戈—▯"组合符号[67]，戈人是吴城地区的主要居民，"—▯"是陶拍的形象，很有可能它表示的就是指戈人中专门从事制陶业的一个支系，因职业而得族支名[68]。

陶坯变成陶瓷器，需经陶窑烧制。从新石器时代开始，人类就发明了陶窑，主要结构有横穴窑和竖穴窑二种。横穴窑结构原始，在圆形窑前方有较长的穹形筒状火膛，燃烧时，火焰由火膛进入窑室；竖穴窑又称升焰窑，窑室位于火膛之上，火膛为口小底大的袋形坑，有数股垂直的火道与窑室相通。

至商代，赣鄱地区的陶窑烧造技术有了明显提高，在吴城遗址中，就发现了属于二期文化的窑床十四座，其中横穴窑二座，升焰窑十一座，龙窑一座[69]。

横穴窑二座。1975T1Y1 仅剩火道和窑室两部分，火膛已经被破坏，东西最大径 1.4 米，南北长 1.3 米，窑室呈上小下大的覆钵状，火道向南，呈斜坡状，长 0.6 米，宽 0.46 米（图一三）。在窑室东壁底部有三个椭圆形孔，孔径 0.1 米，可能是出烟孔。彭适凡先生认为是横穴窑，但它比新石器时代的横穴窑有了较大的改进，表现在烟囱从窑室顶部下移至窑壁底部，火焰经过火道进入窑室，冲向窑顶之后又折向下，火焰来回升降，从而使窑室温度大为提高[70]。

升焰窑十一座，呈圆角三角形或圆角方形。1986 清吴 Y2 保存基本完好，其方向为北偏西 69°，窑室长径 2.72 米，短径 1.06 米，窑壁残高 0 - 0.45 米，厚 0.06 - 0.16 米，火膛在窑室的东南方向，与窑室连为一体，残长 0.3 - 0.58 米，烧结面与窑床烧结面不在同一平面，比之高出 0.14 米。

龙窑一座。吴城 1986Y6 保存比较完好，北偏西 68°，窑头在西北，窑尾在东南，窑头被破坏，窑床残长 7.5 米，宽 1.01 - 1.07 米，窑壁残高 0.1 - 0.22 米，厚 0.06 - 0.28 米，窑头至窑尾，水平高差 0.13 米，坡度 1.7°。北壁有九个宽约 0.4 米的投柴孔，一字排列。南壁内侧中段在原烧土壁上有一层加抹的泥层，长 1.1 米，厚 0.1 米（图一四），表明此窑曾多次修补，使用时间比较长。

龙窑是升焰窑的改进形制。火膛和窑室连为一体的升焰窑发展到后期，将窑顶封闭，窑身拉长，倾斜砌筑，最低的一端设火膛，最高的一端开排烟孔，就成了龙窑。龙窑烧陶瓷时，先烧窑头火膛，将坯体预热，待第一投柴孔下的坯体快烧熟时，停止窑头烧火，自投柴孔烧火，使该处坯体烧熟，然后移向上一投柴孔，依此逐级而上，直至窑尾。这种窑不仅窑室空

图一三　吴城横穴窑平、
　　　　剖面示意图

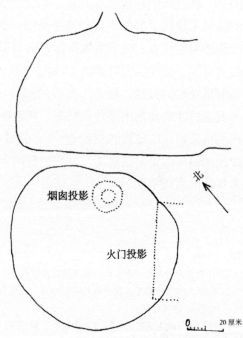

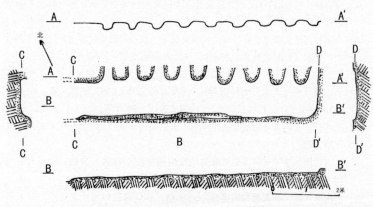

图一四　吴城龙窑平、剖面示意图

间大，而且火焰直接进入窑室，能利用烟气和产品冷却时放出的热量来预热上部的坯体和窑室空气，具有升温快、冷却快、节约燃料的优点。由于有倾斜度，火力可以充分利用，能大大提高窑温，烧成温度可高达 1300℃，是一种先进的窑床结构，是后世龙窑的祖型，被称作青瓷的摇篮。正是有了这种龙窑，吴城先民才能烧制出那种火候高、质地坚硬、叩击有铿锵金属声的精美的印纹硬陶和原始瓷[71]。吴城商代龙窑是目前我国发现的最早的龙窑遗迹之一，它把我国龙窑的历史上推至三千多年前的商代中期。

注　释

[1] 江西省博物馆等《清江筑卫城遗址发掘简报》，《考古》1976 年第 6 期。

[2] 北京大学历史系考古教研室商周组编著《商周考古》第 136－140 页，文物出版社 1979 年版。

[3] 李伯谦《试论吴城文化》，《文物集刊》第三辑，文物出版社 1981 年版。后收入《中国青铜文化结构体系研究》，科学出版社 1998 年版。

[4] 商志覃：《试论清江吴城遗址及其有关问题》，《文物集刊》第三辑，文物出版社 1981 年版。

[5] 李家和《从吴城遗址看江南的商代文化》，《江西师范学院学报》1980 年第 4 期。家和《吴城遗址文化分析》，《江西历史文物》1980 年第 4 期。刘林、李家和《江西青铜文化》，《江西历史文物》1983 年第 3 期。

[6] 李伯谦《长江流域文明的进程》，《考古与文物》1997 年第 4 期。后收入《中国青铜文化结构体系研究》，科学出版社 1998 年版。

[7] 同［1］。江西省博物馆等《江西清江筑卫城遗址第二次发掘》，《考古》1982 年第 2 期。

[8] 江西省博物馆等《清江樊城堆遗址发掘简报》，《考古与文物》1989 年第 2 期。

[9] 余家栋《新干县发现商周遗址》，《文物工作资料》1976 年第 6 期。李家和《江西省新干县牛头城遗址调查与试掘》，《东南文化》1989 年第 1 期。江西

省文物考古研究所、江西新干县博物馆《新干湖西、牛城遗址试掘与复查》，《江西文物》1991 年第 3 期。根据近年对城址的调查，该城址时代当在吴城遗址三期至西周时期，主要堆积为西周时期的。

[10] 原报告将墓葬年代定在西周。从墓葬出土文物来看，时代当定在吴城遗址三期为好。主要参考彭适凡、李玉林《江西新干县的西周墓葬》，《文物》1983 年第 6 期；彭适凡《赣鄱地区西周时期古文化的探索》，《文物》1990 年第 9 期；李朝远《江西新干中棱青铜器的新认识》，高崇文、安田喜宪主编《长江流域青铜文化研究》第 216－225 页，科学出版社 2002 年版。

[11] 江西省文物工作队等《九江神墩遗址发掘简报》，《江西历史文物》1987 年第 2 期。

[12] 江西省文物考古研究所等《江西德安石灰山遗址试掘》，《东南文化》1989 年第 4、5 期。

[13] 万载县博物馆《万载县商周遗址调查》，《江西历史文物》1986 年第 2 期。

[14] 江西省博物馆、清江县博物馆《江西清江吴城商代遗址第四次发掘的主要收获》，《文物资料丛刊》第二辑，文物出版社 1978 年版。

[15] 同［14］。

[16] 江西省文物工作队《清江吴城遗址第六次发掘的主要收获》，《江西历史文物》1987 年第 2 期。

[17] 彭适凡等《江西早期铜器冶铸技术的几个问题》，《中国考古学会第四次年会论文集》，文物出版社 1985 年版。后收入《江西先秦考古》（江西高校出版社 1992 年版）时做了部分修改。

[18] 甘肃省博物馆《甘肃省文物考古工作三十年》，《文物考古工作三十年》，文物出版社 1980 年版。

[19] 中国社会科学院考古研究所等《夏县东下冯》第 208－209 页，文物出版社 1988 年版。

[20] 中国社会科学院考古研究所《殷墟的发现与研究》第 87 页，文物出版社 1985 年版。

[21] 王言京《山东省邹县又发现商代青铜器》，《文物》1974 年第 1 期。

[22] 江西省文物管理委员会《江西清江营盘里遗址发掘报告》，《考古》1962 年第 4 期。

[23] 同［7］。

[24] 乐平县文物陈列室《乐平县试掘高岸岭遗址》，《江西历史文物》1981 年第 1 期。

[25] 同［8］。

[26] 赣州市博物馆《赣县白鹭官村商周遗址调查》，《江西历史文物》1982 年第 1 期。

[27] 李家和等《南昌、永修、宁都发现的三处商周遗址》，《江西历史文物》1981 年第 4 期。

[28] 上高县博物馆《上高县发现九处古文化遗址》，《江西历史文物》1982 年第 4 期。

[29] 同［12］。

[30] 黄国胜《横丰发现的古文化遗址》，《江西文物》1989 年第 2 期。

[31] 江西省文物考古研究所、德安县博物馆《江西德安米粮铺遗址发掘简报》，《南方文物》1993 年第 2 期。

[32] 丘文彬等《江西德安、永修界牌岭商周遗址调查》，《南方文物》1993 年第 2 期。

[33] 江西省文物考古研究所、德安县博物馆《江西德安县陈家墩遗址发掘简报》，《南方文物》1995 年第 2 期。

[34] 彭适凡《江西出土商周青铜器的分析与分期》，《中国考古学会第一次年会论文集》，文物出版社 1978 年版。后收入《江西先秦考古》（江西高校出版社 1992 年版）时做了一些增补。

[35] 薛尧《江西出土的几件青铜器》，《考古》1963 年第 8 期。

[36] 江西省博物馆等《江西清江吴城商代遗址发掘简报》，《文物》1975 年第 7 期。

[37] 江西省博物馆、清江县博物馆《近年江西出土的商代青铜器》，《文物》1977 年第 9 期。

[38] 同［37］。

[39] 同［14］。

[40] 同［37］。

[41] 同［37］。

[42] 江西省清江县博物馆《吴城商代遗址新发现的青铜兵器》，《文物》1980 年第 8 期。

[43] 同［10］。

[44] 彭适凡《江西先秦农业考古概述》，《农业考古》1985 年第 2 期。

[45] 同［12］。

[46] 同［11］。

[47] 胡绍仁《宜丰县出土商代铜铙》,《江西历史文物》1985 年第 1 期。

[48] 梁德光《江西遂川出土一件商代铜卣》,《文物》1986 年第 5 期。

[49] 彭适凡《吴城文化族属考辨》,《百越民族史论集》,中国社会科学出版社 1982 年版。彭适凡《江西吴城青铜文化不是商文化的一支》,《江西社会科学》1983 年第 5 期。彭适凡《江西吴城青铜文化的再探讨》,《华夏文明》第二辑,中国社会科学出版社 1990 年版。

[50] 同[3]。

[51] 彭适凡《十年来江西的文物考古发现与研究》,文物编辑委员会编《文物考古工作十年》,文物出版社 1990 年版。

[52] 同[5]。

[53] 赵峰《清江陶文及其所反映的殷代农业和祭祀》,《考古》1976 年第 4 期。

[54] 同[1]。

[55] 《文物界座谈清江吴城商代遗址》,《文物工作资料》1974 年第 2 期。

[56] 唐兰《关于江西吴城文化遗址与文字的初步探索》,《文物》1975 年第 7 期。

[57] 同[49]。

[58] 同[3]。

[59] 同[5]。

[60] 李家和等《说雀》,《江汉考古》1990 年第 1 期。

[61] 同[49]。

[62] 同[4]。

[63] 彭适凡《中国南方古代印纹陶》第 70－89、386－392、392－395 页,文物出版社 1987 年版。

[64] 同[36]。

[65] 同[63]。

[66] 同[36]。

[67] 江西省文物考古研究所、新干县博物馆《新干大洋洲商墓发掘简报》,《文物》1991 年第 10 期。

[68] 彭明瀚《商代赣境戈人考》,《南方文物》1996 年第 3 期。

[69] 同[36],同[14],同[16]。

[70] 同[63],第 405 页。

[71] 李玉林《吴城商代龙窑》,《文物》1989 年第 1 期。

三 吴城文化研究的深入

　　进入 20 世纪 80 年代后期，随着我国改革开放步伐的加快，江西省国民经济飞速发展，各项基本建设全面展开。考古工作在配合浙赣铁路复线、南九高速公路、景九高速公路、昌樟高速公路及京九铁路等重大建设工程的考古发掘中得到快速发展。吴城文化的考古发现与研究，取得了前所未有的进展，进入全面繁荣发展的新阶段，其开始的标志是瑞昌铜岭商周矿冶遗址和新干大洋洲商墓的发掘。这一系列考古工作将吴城文化的研究向深度和广度推进，尤其是大洋洲青铜器群的发现，引发了海内外学术界对赣江、鄱阳湖地区古代文明的重视。有关吴城文化，特别是大洋洲青铜器群的研究文章与学术观点纷纷涌现，一改以往相对沉闷的面貌。

（一）两次重大考古发现

1. 瑞昌铜岭商周矿冶遗址的发现与研究

　　（1）铜岭商周矿冶遗址的发现。

　　1988 年春，在瑞昌市夏坂乡铜岭村铜岭钢铁厂的采矿工地发现大量古矿井的支护木和古代采矿工具。经江西省文物考古研究所专业人员确认，系一处重要的古代采矿遗址[1]。该遗址的面积约 4 平方公里，在 1988—1992 年前后四次考古发掘中，揭露出 1800 平方米采矿区和 1200 平方米冶炼区，共清

图一五　瑞昌铜岭商周矿冶遗址发掘现场

理出矿井百余口、巷道十八条和冶炼炉二座（图一五），发现有露天采矿和选矿的遗迹，包括采坑、槽坑、选矿场、滤砂池、储水井、工棚及大量的铜矿石。另外，还出土了种类繁多的生产工具和生活日用品，它们分别用于采掘、搬运、排水、筛选、饮食和照明。根据出土陶器的时代特征，并结合碳十四测定结果，推定该遗址的时间从商代中期延续至战国早期，其开采技术具有地方特色，有一整套自成体系的采矿工艺。

铜岭商周矿冶遗址的商代矿区多坐落在自然铜含量较高的成矿带，井巷遗存分布于整个发掘区。尤其是北部，井巷十分密集。其采矿方法分露采、探槽和竖井开采及井巷联合开拓三种。针对围岩较疏松的地质状况，商代先民用木框架支护井巷，采用碗口结构支护工艺，使采矿作业的安全得到了保证。凿岩工具则是使用小型锛、凿类铜质工具，它们与木柄配套便成为复合采掘工具。当时已使用装置木制滑轮的简单机械在矿井内提升、运输矿石。采矿区出土的陶质生活器具鬲、斝是中原殷商时期的典型器物，而罐类器上多装饰江西地区流行的几何形印纹，无论是器型还是纹饰，均与吴城文化的同类器相似，富有鲜明的地方特色。彭适凡先生认为，矿山的开采者是当地的土著民族扬越人[2]。

（2）瑞昌商周铜矿开采技术。

江西瑞昌铜岭商周古矿冶遗址，采矿区面积 40000 平方米，冶炼区面积 170000 平方米，规模宏大，开采时间从商代早期延续至春秋战国。其开采年代之早，延续时间之长，保存之完好，内涵之丰富，均为世界同类遗址所罕见，是世界上开采年代最早的古铜矿遗址之一。

铜岭矿区存有炼渣约三四十万吨，从目前已经发掘的

1800平方米采矿区所获取的遗迹、遗物来看，商代的吴城先民已掌握了先进的找矿、探矿和采矿技术[3]。考虑到一种先进生产技术的形成有一个产生、发展的过程，"蚩尤受庐山之金而作五兵"的记载有一定的可信度。也就是说，瑞昌的铜矿资源早在夏代就可能已被当地的先民发现、认识并加以开采。经过长期的采矿实践，技术得以不断改进、提高，至商代形成比较先进的采矿技术，这是合乎逻辑的。

据研究，古代寻找矿藏的方法主要有植物指示法、矿石颜色识别法和矿物共生原理识别法三种[4]。铜矿一经确认，就要详细记录并绘制山川地形图，以便开采时寻找，重要的矿区还要派人守卫。也就是说，在商周时期，铜矿被政府牢牢地控制，严刑峻法，禁止民间私自开采。时至今日，铜岭矿山脚下的村庄仍然叫"禁地"，这是三代对铜矿严加管理的极好证明。

瑞昌铜岭铜矿矿体赋存于白云质灰岩与泥质粉砂岩的接触带内，这个接触带正是破碎带和构造角砾岩发育的部位，岩体坚固性差，埋藏浅，利于人工开采。时至今日，矿区地表仍生长着成片的"铜锈草"。孔雀石、蓝铜矿之类次生铜矿石随处可见，这对当时的先民来说，使其找矿、采矿都比较容易，因此这一铜矿在夏商时期就已被生活在这里的吴城先民发现也是一件很自然的事。经初步勘察，瑞昌铜岭古代采矿区均位于现代地质勘探所圈定的矿体范围内，这足以说明吴城文化先民已掌握了比较先进的找矿方法和探矿技术。

瑞昌铜岭商周古矿冶遗址内涵丰富，出土遗迹、遗物相当多，为我们全面研究商周时期的采矿技术提供了可靠的依据。考古工作者在矿区发现了露天巷道及与之相连的竖井、平巷（或斜巷），出土了开挖的工具斧、凿、锛，铲矿石用的工具木铲、木锨，运矿石用的工具竹筐、木辘轳，照明用的工具竹片、松枝条，加固矿井巷道用的木支护等遗迹、遗物。所有这些丰富多彩而又别具一格的技术成就，共同构成了我国自己特有的早期采矿技术体系，它是灿烂的青铜文明赖以生长的重要技术基础，同时也使中国青铜文明西来说不攻自破。

商代的采矿方法与现代基本相似，可分为露天开采和地下开采（亦即坑采）二种，这两种方法往往相互结合使用[5]。露采法是指在矿区矿脉露头处开掘，去掉表土，挖出矿石的采矿方法。瑞昌铜岭铜矿埋藏浅，早期先民就在这里用露采法开采铜矿石。矿区北部的2号巷道（X2）就是一处露采坑，开采深度为10—30米不等，海拔标高＋50—＋25米，封闭圈尺寸为130×130米，标高＋15米，坑底标高为＋5米，坑内包含有品位在4%以上的铜矿石，有三十六眼紧挨着的竖井，这说明在开掘前，就曾用露采法挖去了矿体露头部分。

坑采法是指在矿体上沿矿脉凿井向下的采矿方法。这种方法的优点是避免了开挖矿脉上部铁帽部分的无效劳动，直接追踪富矿脉，比露采法要先进。但是，具体操作过程中，此法又会增加塌方、积水等危险，还需要解决提升、运输、照明及通风等问题。这需要经历长期的摸索和经验积累才能实现。这一方法的出现，是采矿技术变革的标志。考古发现表明，铜岭商代的坑采法有竖井开采法和联合开采法二种，以前者居多。目前已发现商代竖井四十八眼，巷道六条。竖井开采法是指为了减少剥离废矿石量，有效地采掘矿体，在矿体上向下挖井，直至矿石采完为止的采矿方法，这种方法是新石器时代以来通行的凿井技术在采矿业中的直接移植。

联合开采法又分为露天槽坑与竖井相结合及竖井与井下巷

道相结合二种开采方法。露天槽坑与竖井相结合法是一种边探矿、边开采的有效方法，先在地表开挖半地穴式露天槽坑，如遇到富矿，则向下开掘竖井。竖井与井下巷道相结合法同样也是追踪富矿的有效方法，其掘进方式为从山脚顺矿体至山腰，先在地表向下开凿浅竖井，然后在竖井底部为追踪矿脉，开挖平巷。因掘井工作量比从地面向下掘竖井小，其生产率相应要高，是一种更为科学实用的采矿方法。

由于铜岭铜矿矿体位于白云质灰岩与泥质粉砂岩的接触带内，正是破碎带和构造角砾发育的部位，岩体坚固性差，属不良地质条件区。围岩比较松软，矿井开挖后，矿山岩层的平衡拉力被破坏，应力集中在井巷周围，容易使岩层产生裂缝、滑动乃至崩塌等危险。为了确保安全生产，先民们把水井中的木井盘技术运用到矿井中，发明了木支护支撑井壁的先进技术。铜岭的商代竖井支护为同壁碗口结内撑框架，由四根圆木组成一副框架，其中两根为横木，系表面不经加工的圆木，两端直接嵌入井体围岩内。另两根为内撑木，其直径比横木稍大，两端刳成碗口式卡口，从上至下向同一方向支撑。框架与围岩间用小木棍贴壁，组成一个井筒护壁，同一矿井中的支护同类木构件规格一致，均为预制件，支护时在井下装配。至商代晚期，支护方法有所改进，在框架外加上两根半弧状内撑木，从另一方向支撑井壁，使原有的四个支撑点变成八个支撑点，使井框支护处于更加平衡的状态，大大改善了框架抵抗围岩压力的性能，同时还在框架与背棍间涂一层草筋泥以防泥砂从背棍的缝隙间落入井中，使井下作业安全条件得以改善（图一六）。

平巷支护采用排架式结构。一幅框架断面呈矩形，由一根顶梁、二根立柱和一根地栿组成，框架间距 60－80 厘米，商

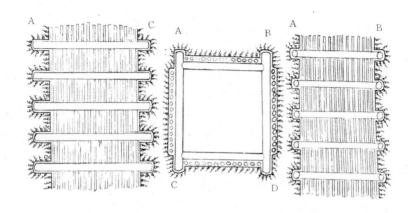

图一六 瑞昌铜岭商周矿冶遗址木支护

代中期采用碗口接排架式支护方式，与同期竖井支护方式相似，即顶梁和地枕为直径 8 厘米，立柱为直径 9 厘米，长 78－84 厘米的圆木。立柱两端砍削成碗口状托槽，以支撑顶梁和承接地枕。顶梁与围岩间的顶棚采用直径 3 厘米，长 100－160 厘米的椽子间隔铺设。商代晚期则采用开口贯通榫接排架式平巷支护。铜岭 X1 平巷支护高 1.36 米，宽 0.8 米，立柱为柱头贯通榫接，地枕两端有卯眼连接柱脚榫，组成框架，顶棚和巷背密排小木棍，并敷以树叶和草，做成棚子，使井下作业的安全条件得以明显改善。

上述考古材料表明，商代中期瑞昌铜岭铜矿的支护木注意选用质地坚硬、无木节、无绞纹的栎木、楠木。先在地面预制好，到井下只要安装，设计和施工都比较规范，达到了比较高的水平。同时还采用杆件组成方框支护井巷，杆件间碗口接点的结合效应仅当接点的接触面在发生挤压应力时才能结合牢固，这种接点结构是针对井巷围岩变形产生的挤压力设计的。这一工艺既符合维护控制压力的要求，具有抵抗顶压、侧压、地鼓的综合能力，又充分考虑到了井下安装、施工便利的实际需要。这是在长期的采矿实践中逐步摸索出来的一种适用于松软围岩地质条件下作业的井巷支护技术。瑞昌铜岭的商代木支护技术是迄今为止世界上发现的最早的矿山安全设施，是吴城先民的伟大创造，它也从一个侧面表明这一地区有比较长的采矿历史。

铜岭商代竖井已有一定的深度，为了满足地下采矿的需要，装载采用木铲、木撮瓢、竹篓，排水采用木槽、木桶，深井提升采用原始的机械木滑车。木辘轳由整木加工而成，两侧各有五个对称的凸块，可防止绳子在转动过程中脱落，轴面还

图一七　瑞昌铜岭商周矿冶遗址木辘轳

有二个方孔通向轴部（图一七），便于加入润滑剂，设计科学合理，这是目前世界上最早的原始提升机械。

铜岭商周矿冶遗址丰富的文化遗存较为全面系统地反映了商周时期的采矿技术。铜岭铜矿矿山开采从小到大，由浅而深，从露采、单一竖井到联合开采，形成了提升、运输、通风、排水等完备的地下采矿系统。特别是井巷支护技术有一套完整的发展序列，已在落矿、出矿和地压管理等技术上达到了较高的水平，地方特色鲜明。

（3）瑞昌铜岭铜矿石的去向。

铜岭商周矿冶遗址北距长江 10 公里，有内河与长江相通，水路交通运输便利，与湖北阳新巷下古铜矿遗址、大冶铜绿山古铜矿遗址均在同一条成矿带上。该遗址是目前世界上最早的、最为重要的古铜矿遗址。它的发现，不仅提供了吴城青铜文化得以产生和繁荣的物质技术基础，也为解决商周时期铜料来源问题提供了不可多得的宝贵资料。李家和先生认为"夏商王朝的统治中心是在中原地区，他们为了夺取和控制南方和江西的铜、锡资源，也就必须派其最亲近的臣僚和兵力来争夺和驻守。中原夏商文化南来的路线，可能主要是沿着江汉流域，进入长江，再越江而南，兵分两路，一路西进洞庭湖地区，一路东下进驻江西北部地区，以此为跳板，由水陆两路进入江西腹地和赣江中游地区"[6]。多数学者据此指出，商代前期和中期两次大规模的南进，目的在于掠夺当时具有战略意义的铜料[7]。

殷商青铜文明以大量精美绝伦的青铜器为标志，然而在商代的政治文化中心，即今安阳和郑州及近畿地区，都没有发现大的铜矿，使铸造所需的大量铜料产地问题长期以来成为一个悬案。因此，探明商周青铜器的矿料来源已成为三代青铜器研究中的一个难点和热点。瑞昌铜岭是目前考古所见商代唯一一处采铜遗址，该地铜矿石的去向自然倍受关注。张永山先生根据考古发现，并结合甲骨文、金文与历史文献中的相关记载进行全面研究后指出，商代存在一条经汉东翻越大别山进入河南的南铜北运线路，武丁南征就是为打通这条通道[8]。刘诗中先生根据考古发掘材料，结合相关文献记载进行综合研究后指出，瑞昌铜岭和湖北大冶铜绿山是商代大宗铜料的主要产地，并为商王朝所直接控制，"在矿山通往中原的要冲长江北岸设立盘龙城据点，商人在那里建立了一座城邑，商旅可以盘龙城为据点，东征西伐，控制了今鄂、豫、皖邻界的大片地区。同时越江南下，直达江西、湖南及粤东南等地，征伐和镇压异族"。所以"古铜矿的后方吴城、大洋洲等方国据点均是商人为确保铜路安全而设立的据点"[9]。彭子成等人利用现代科学检测手段，采集江西、湖北和河南商代青铜器三十五件以及相关地区的商周、春秋和现代的铜矿石、铜锭、粗铜、炼渣及铅锡块样品二十二个，对长江沿岸的铜矿石和江西、湖北、郑州、安阳等地出土的商代青铜器进行铅同位素测试研究。结果表明，安阳的商代青铜器中有一部分可能是用铜岭的铜矿石铸成的，江西吴城、大洋洲、神墩、陈家墩等地出土的青铜器则是用瑞昌铜岭商周矿冶遗址的铜铸造的[10]，这一研究结论与考古学研究的结论暗合。

2. 新干大洋洲商墓的发现与研究

（1）商墓的发现及其意义。

1989 年 9 月 20 日，新干县大洋洲乡农民在程家村涝背沙丘取土时发现青铜器，后经江西省文物考古研究所发掘，共出土青铜器四百七十五件，玉器七百五十四件，陶器一百三十九件。其中，青铜器包括容器十种四十八件、乐器二种四件、兵器十一种二百三十二件、手工工具七种九十二件和农具十一种五十一件（图一八）[11]，这是江西、也是江南地区出土商代青铜器数量最多、器种最丰富的一次，铸工精细，特色鲜明，是南方商代青铜器的典型代表。在商代遗址中，同一埋藏单位内出土如此之多的铜器和玉器，只有四川广汉三星堆和殷墟妇好墓可以与之相比，陶器则更是罕见。在考古发掘的过程中，国家文物局给江西省文物局发来贺电，称"这是我国近年来文物考古的又一重大考古发现"，"江西文博工作进入新的阶段"[12]。1990年11月10日，国家文物局、江西省人民政府在南昌召开大洋洲考古大发现新闻发布会时指出："新干商代大墓铜器群的空前发现，不仅是中国南方考古的一项重大突破，

图一八　大洋洲遗址发掘现场

而且将为我国青铜文化研究揭开新的篇章。它所提出的种种发人深思的新问题和揭示的奥秘，必将给考古学、历史学、民族学乃至整个中国古代文明史的研究产生深远的影响。"[13]

　　吴城遗址的发掘从地层与年代（分期）等方面提供的证据，为江南商代考古工作打下了良好的基础，是一项很重要的成果。但吴城出土青铜器太少，还不足以反映当地青铜文化的面貌、特征、发展规律及其与周边各区系青铜文化间的关系。所以江西的考古工作者企盼在这里有新的突破性发现。距吴城20公里外的赣江东岸大洋洲青铜器的出土，正好弥补了上述不足，为深入研究有关学术课题提供了不可多得的宝贵资料。大洋洲器物群包涵了中原商文化、西北先周文化以及江南土著文化、良渚文化等多种文化因素，表明它们在发展的过程中既保持了自己的固有文化传统，同时也吸收了周边地区先进的文化因素，是商代文化的一个部分。在某些方面，它填补了商代文明的空白，丰富了人们对商代青铜文化的认识。因而，大洋洲商墓是20世纪一项突破性的重大考古发现，在国内外产生了巨大反响，引起了远比吴城遗址的发现要多得多的注意。中原地区商王朝至商代晚期已是一个"邦畿千里，维民所止，肇域四海"的强大政治中心，商文明对其周邻的方国文明必然产生过重要作用和影响。作为远在长江以南的赣江中游地区的新干大洋洲商墓，存在可以与中原殷商文明媲美的高度发达的青铜文明，不能不使人们对商文明以外周邻地区的商代方国文明的形成和发展进行重新评估。李学勤先生认为："新干商墓的重要性在于以往大家为传统观念所束缚，把古代的南方设想为蛮荒落后，近年一系列考古发现逐渐揭开了事实的真相，使南方的古文明史重现其应有的光辉。商代吴城文化分布的赣中、赣西北是具有相当高文化水准的地区，与中原王朝有密切的文化交通关系，这不但改变了我们对这一地区古文明的理解，也把南方以至整个商代文明的图景在很大程度上改变了。"[14]安金槐先生认为："新干出土了众多商代青铜器，揭开了江南地区商代考古的新篇章，它是我国考古学中一项重大发现，对于商代考古具有十分重要的意义。"[15]殷玮璋先生考察了大洋洲出土的青铜器后指出："如果说前几年在四川广汉三星堆发现的祭祀坑及其大批青铜器曾使学术界轰动一时的话，那么去年在江西新干大洋洲发现的商墓及其大批青铜器，同样会使学术界的同仁们惊叹不已。因为在长江中、下游地区发现的这两批青铜器具，使人们对江南地区青铜文化的面貌及其发展水平有了全新的认识。新干大洋洲的这一发现不仅对江西的考古工作，而且对中国考古学的研究，都具有极为重要的意义。""吴城遗址的发掘，从地层与年代（分期）等方面提供的证据，为在这一地区开展商周考古工作打下了很好的基础，是一项很重要的成果。可惜吴城出土的青铜器毕竟太少了，它的出土物还不能完全回答上述问题。所以人们企盼在这里有新的突破性成果。这次在新干大洋洲出土的铜器群恰恰弥补了上述不足，为深入研究有关学术课题提供了不可多得的宝贵资料。从这个意义上说，新干商墓的确是一个突破性的重大发现。"[16]高至喜先生认为："新干商墓中又出土四百多件青铜器，更为解决南方青铜器的产地问题，提供了新的可靠物证。虽然在这些铜器中，器形和纹饰有的与中原商代铜器风格相同或相似，说明其与中原商文化的密切关系和所受商文化的强烈影响，但也不乏有地方特点的器物和首次发现的青铜器。如立耳上饰圆雕老虎的扁足鼎、巨型甗、虎尊、假腹豆、云纹尾部上翘的铙、刮刀、两翼刃一长一短的镞及犁头等等，均是只见于江南地区或是首次出土的商时期铜器，因而说明这些铜器至少大部分应是在当地铸造的。特别值得一提的是，这些铜器出于同一墓葬，它们有共存关系，对于研究这些青铜器的年代、组合、用途、器形和纹饰的地方特点，乃至对研究当时的社会历史都有十分重大的意义。同时也雄辩地证明江南地区当时已有非常发达的青铜铸造业，其冶铸技术和工艺已十分高超，某些铜器的铸造水平并不比当时中原地区逊色。"[17]

（2）大洋洲商墓的性质。

1989 年大洋洲商墓发现后，引起了国内外学者的普遍关注，对其进行了深入研究，其中有的问题已取得了较为一致的认识，但仍在一些问题上存在分歧，比如遗存的性质问题、文化属性问题及年代问题等。

关于遗存的性质问题，目前主要存在二种观点，一种主张墓葬说，另一种主张祭祀说。

墓葬说。发掘的参加者基本上主张墓葬说，发掘报告和简报均采用墓葬说，发掘的参加者在此后的各类著述中基本上采用墓葬说来表述该遗存的性质[18]。

祭祀说。祭祀说大致可以分为巫沙祭祀说、沉浮祭祀说和社祀说三类。

吴之邨先生倡导巫沙祭祀说。他旁征博引，列举了大量文献和实例来证明历史上曾有过"巫沙"祭丘和"浮沉"之祭的情况，认为大洋洲是"殷商之际盛行的以女巫瘦祷水旱的'巫沙'祭丘遗存"[19]。

唐嘉弘先生倡导沉浮祭祀说。他指出：新干大洋洲商墓当系这里方国"君王"在河川上固定祀地进行"浮沉"之祭时的祭品，延续时间有数十年之久，甚至更长一些[20]。李家和先生认为，大洋洲器物群是历年来在赣江之滨祭祀水神之后，分批埋入沙丘之中的，因而各种器物不可能有规律地分布、同处在一个平面之上，遗存的性质，只能是祭祀坑，而不是墓葬[21]。

彭明瀚倡导社祀说。他从遗存的形制特征、所处地理位置和出土器物构成三个方面来否定"墓葬说"，认为大洋洲器物群是吴城文化先民立社时举行重大祭祀活动中所使用的典礼性器物，该遗存是一处社祀遗存[22]。

（3）大洋洲商墓的年代。

由于大洋洲商墓出土物种类较多，内涵丰富，既有中原商文化的因素，又有先周文化因素以及土著吴城文化因素。有的青铜器具有较早的商代中期特征，有的却明显属于晚商时期，有的甚至类似于西周早期的器物，因而使一些学者对该遗存的年代产生较大分歧。关于大洋洲商墓的年代，目前主要有以下七种看法：

二里岗上层说。安金槐先生认为大洋洲的青铜器有许多器形和花纹特征，"基本上和河南郑州商代二里岗上层的同类青铜器相类同"，"这说明两地出土的这些相类同的青铜器时代是相近的"，其时代属商代中期[23]。

殷墟一期说。孙华先生认为大洋洲的青铜器有早晚之别，最早的为二里岗上层，但最晚的青铜器为殷墟一期，因而大洋洲商墓的年代应当在殷墟一期，它在商代大型铜器墓分期序列中应在殷墟妇好墓之前，而不是与之相当，应是殷墟一期偏晚的一座大墓。可能相当于殷墟早期，稍早于妇好墓[24]。

殷墟早、中期说。该遗存的发掘者彭适凡先生等认为，大洋洲最早的青铜器为二里岗上层，最晚的相当于殷墟早、中期，并结合陶器断定该墓下葬年代应在商代后期早段，大体相当于殷墟早、中期[25]。李学勤先生认为，大洋洲大墓出有近三百件的陶器，属于吴城二期，即相当殷墟早中期，这为推定大墓的年代规定了范围。仔细考察墓中的大量青铜器，其特征是二里岗上层的因素和较新的因素并存。例如大方鼎从形制、工艺到带状花纹，都像是二里岗上层的，而在其他不少器物上就有了通体满花之类新的作风。这种特征，可以说是二里岗期与殷墟过渡时期的特有表现，在二里岗末期已有显露，至殷墟早期还是存在。因此，新干商墓的年代大致也相当殷墟早期。前几年，学者曾提出吴城的陶器显示了中原文化影响。新干商墓的青铜器、玉器等再次说明了这个问题。非中原地区青铜器的礼器往往最能体现中原对其的影响，兵器、工具等则相反，但在新干商墓中，兵器表现出的中原影响也很强烈。器物与中原同时期物品如此相似，证明当时二者文化交流的速度是很快的，途径是畅通的，不能认为这里的器物比中原同类物品晚一个时期。这个认识，对我们今后研究非中原古代文化有较大的价值。因此，将该墓的年代定为商代后期早段的吴城二期是妥当的[26]。

殷墟三、四期说。邹衡先生认为，大洋洲青铜器有早、晚之别，第一阶段相当于二里岗上层，属此期的青铜器比较少；第二阶段相当于晚商早期，亦即武丁前后，更多的青铜器属这一阶段；第三阶段相当于武丁以后。从这些器物来划分，可以看出是两头小，中间大，从第一阶段到第三阶段依次减弱。由于铜器不像陶器那样易破，且象征财富、权威，能较好地保留下来，所以铜器传下的年代与它制作的时间会相差很远。这批铜器不是同一时期制作的。陶器的时代相当于吴城文化的二期，值得注意的是，陶器中没有一件同中原陶器完全相同，甚至有些区别还很大。但有的作风是同中原相同的，所以我们大体上断定它相当于中原的商代。邹衡先生认为无论是铜器、陶器、玉器，它们的下限年代不会晚于商代晚期，墓葬的下葬年代也不会晚于商代晚期[27]。陈旭先生也认为，大洋洲青铜器较多地具有殷墟二期的特征，这说明它吸收了该期文化的因素，时代应比殷墟二期要晚。大洋洲的陶器与吴城二期并不完全相同，时代比吴城二期要晚，因而大洋洲商墓的年代当确定在殷墟晚期比较合适[28]。杨宝成先生认为大洋洲出土的十六件扁足鼎、三件柱足圆腹鼎、三件瓿、一件四羊罍、三件带胡戈、一件勾戟和短脊三角形镂孔翼镞等器物时代都不可能早于殷墟三期，因此新干大墓的下葬年代大致不早于殷墟三期[29]。李家和先生认为，大洋洲器物群的年代只能定在相当于吴城第三期[30]。

商末周初说。高西省先生分析了大洋洲出土的三件镛以及卷首刀、勾戟、长胡四穿戈等具有先周文化因素的兵器后指出，这些器物都与中原地区商末周初的同类器物较为接近，尤其是后者，是受先周文化因素影响所致，因而时代不可能早于商末周初[31]。

西周中期说。林巳奈夫先生通过对大洋洲青铜器与中原青铜器比较后认为，最晚的青铜器应是西周中期，虽然大洋洲商墓中也确有不少的青铜器属商代后期早段，但这是由于该制作传统自商代后期早段到西周中期这一漫长的时期内在当地得到维系继承的结果[32]。

春秋早期说。马承源先生认为，大洋洲出土的三件钲（即发掘简报中所说的大铙）上有明显的土墩墓系青铜器上的纹饰，而伴有青铜器的土墩墓，其时代很少能超过春秋早期[33]。这样自然令人理解为大洋洲青铜器群的年代最早也只能是春秋早期。

随着时间的推移，二里岗上层说、西周中期说和春秋早期说这三种观点的支持者越来越少，更多的人相信大洋洲器物群的时代应该在殷墟时期，至于具体到是一、二期，还是三、四期，则需要今后更为细致全面的研究。大洋洲青铜器群的年代跨度比较大，这是大家比较一致的意见，因而确定大洋洲陶器群的年代是问题的关键所在。彭明瀚认为，从现有标本看，大洋洲陶器无论是从器形、装饰风格还是从器物种类、器物组合来看，均与吴城遗址第二期之间存在明显的差异，邹衡先生将大洋洲陶器的年代定在吴城三期的判断是正确的，也就是说，它的下限在殷墟后期。

（4）大洋洲器物群的族属。

关于大洋洲器物群属于吴城文化这一点，学术界基本上是一致的。多数人认为大墓出土文物的属性与中原商文化迥然有别，推断当年赣江流域确曾有过一支与中原商文化并行发展的土著青铜文化，存在着与中原殷商王朝并存的另一个地域政权。从墓葬的规模和出土文物数量来看，墓主人可能就是这一政权的统治者或其家属，并非来自中原的商人，而应是土著人的最高统治者。具体论及墓主人的族属，大致有四种看法，从而再一次引发了吴城文化族属之争。

越人说。彭适凡先生继续坚持扬越说。越族说得到了不少学者的赞同，贾峨先生即为其一。他在《关于新干大墓几个问题的探讨》一文中谈到新干大墓的国别时，先后引用唐兰先生和蒙文通先生的论述，推断新干大墓墓主人是无余之后，正当殷商时代中叶某一扬越的国君[34]。李学勤先生指出："彭适凡同志等撰有论文，也认为此地属于扬越。这个看法应该是对的。越人分支很多，扬越的范围也较广，我认为，吴城一带方国之名可于吴城陶文中求得。陶文中有'峕相'、'峕田（甸）人'，'相'和'田人'都是职官名，这个释读如果不错，'峕'就是方国名了。"[35]赞同者中，也有人针对"扬越"说提出了自己的不同看法，徐心希先生就是其一，他认为，商周时期，江南百越种姓虽然繁多，但是并无"扬越"之称。所谓"扬越"，实乃百越之统称。大洋洲青铜器群的确切族属，当系百越之一支——干越。卜辞及先秦典籍中所提及的"干"，其确切地点应当在江西，其代表文化是吴城文化一、二期，干越作为一个独立的奴隶制国家，与中原商王朝并无隶属关系，而吴城及邻近的新干大洋洲地区直到西周时期仍然是干越的政治中心[36]。

戈人说。邵鸿先生认为戈族出于东夷伯明氏，祖居山东，后入河南，得氏于戈地。其后四散，或留居中原，或北走定州，或西迁关中。其中一支南来，至赣江中游定居，大洋洲商墓和吴城文化就是他们留下的文化遗存[37]。邵文发表后不久，彭明瀚撰文响应，赞同戈人说，他发现吴城文化各遗址中出土了三十多件"戈"铭陶器，地点涉及赣北、赣中，尤其是大洋洲商代大墓中，出土了二十件"戈"铭小口折肩罐，推定戈人是吴城文化的主要居民之一[38]。

"句吴"说。袁进先生根据吴城文化中包涵的先周文化因素提出"句吴"说，他认为，吴城文化是一种融合了晋陕地区先周文化与汉水流域荆蛮文化及赣鄱流域夷越文化而形成的一支独具特色的、自成体系的商代赣鄱流域青铜文明，其族属为句吴，吴城文化实质就是先吴文化。太伯奔吴首先到达的是赣鄱流域，赣江中游的古新干县一带是句吴始建地，也是吴文化的发祥地。"句"即"干"，"句吴"即"干吴"，"干"为商周时期赣鄱流域土著干人的族号，"句"为太伯为首的这支周人的族号。太伯、仲雍率周人吴部族南迁赣鄱流域后，以其较高的文化与强大的武装逐渐获得了当地部分土著干人的尊崇，从而建立起了一个干、吴联盟的句吴国。国中上层贵族为外来的周人，土著居民为干人，句吴王既是周人吴部族的首领，又是土著干人部落的首领。当年太伯率领周人吴部族进入彭蠡一带后，停止了由西向东的迁徙，转向南进入赣鄱流域[39]。

"虎方"说。彭明瀚曾根据考古发掘材料，并结合相关文献记载，推定在鄱阳湖以西、洞庭湖以东的广大地区，继"三苗"之后兴起的商代文化就是虎方文化，甲骨文中称这一方国为"虎方"。"虎方"的陶器群、铜器群与中原商文化有质的差异，无论是下层群众使用的陶器的组合，还是上层统治者使用的青铜礼器的组合，都与中原殷商民族习惯的组合明显不同，这种差别并不是同一种文化空间分布上的差异，而是创造这两种文化的主人所遵循礼制不同的写照，是民族共同体不同的一种表现，也就是说"虎方"文化不是商文化[40]。李昆先生赞同"虎方"说，他认为，吴城这支青铜文化，可能为"虎方"，或商王朝异姓分封的侯虎方国，这个方国的统治者，或许就是"亚雀"或其一支。所以，在许多青铜礼器上铸有虎形，这决非一般装饰品，而是寓意方国标记之物。如青铜伏鸟双尾虎这一器物在庞然大物的虎背上安伏一只小鸟，神态安详，虎不惊鸟，鸟不惧虎，鸟虎相融，浑然一体。器物造型之奇，雀虎结合之异，很可能是因该方国的统治者为"亚雀"，所以偌大的老虎才如此驯服地伏卧于雀之下[41]。

黄石林、李家和、何介钧等先生认为吴城文化是中原商文化的一个地方类型，黄石林先生认为：大洋洲出土的铜器和陶器中，不少与郑州二里岗商代中期文化的同类器相同或相近。证明吴城文化不仅是受中原文化的影响，也可以说是一支南来的商文化，因此，这座墓的主人应是商王朝派驻江南的重臣或方伯[42]。何介钧先生从商时期商文化向整个南方地区传播的总体态势来观照吴城文化，他指出："新干大墓，多数学者认为是越人一支首领的墓葬，我却赞成少数派的观点，认为它应是南下并在当地长期居留，建立有政治实体，负责保卫商王朝青铜制造资源供给的一支商人的头领或高级贵族的墓。这一支商人，即是瑞昌铜岭铜矿前一阶段的主人，也是吴城类型商文化的创造者。新干大墓所出铜器中的绝大部分容器除花纹略带地方特色外，其造型与中原基本相同，所出陶器属吴城二期，是一种地域类型的商文化的产物。"[43]

（5）大洋洲玉器琢制工艺。

吴城文化的玉器仅在吴城遗址[44]、石灰山遗址[45]和大洋洲商墓等少数几个地点出土，石灰山和吴城遗址只有零星发现，大洋洲则是较为集中的一处，出土各类玉器七百五十四件。其中，包括玉礼器琮、璧、瑗、玦、璜，玉仪仗器戈、矛、铲，玉装饰品侧身羽人、神人兽面形饰、镯、蝉、蛙、鱼、柄形器、坠形饰、水晶环等三类二十五种七十五件完整器和六百九十七颗穿孔玉管、玉珠、玉泡。大洋洲玉器群，种类繁多，工艺娴熟，制作精致，打磨光滑，刻纹细如毫发，图案十分规整，令人惊叹叫绝，与大洋洲青铜器交相辉映，共同代表吴城文化的最高成就。吴城文化的玉器琢制工艺在新石器时代以来石器磨制技术进步的基础上，有了新的发展和提高，人们已熟练地采用了砣制技术和线刻、浅浮雕、圆雕、镂雕、掏雕及整体高度抛光等工艺。

经陈聚兴先生鉴定，大洋洲玉器群的材质有水晶、透闪石、磷铝石、磷铝锂石、叶腊石和绿松石六类。透闪石类软玉质地、色泽多数接近于新疆的和田玉，有些完全可与和田玉中的羊脂玉、青玉和白玉相当，故此类软玉石材多来源于新疆和田等地。磷铝石类玉制品多呈淡绿、浅绿和苹果绿色，色彩艳丽。磷铝锂石类玉制品多呈浅灰和青灰色，不透明，抛光面上显珍珠光泽。水晶石类制品仅二件环，无色透明，显玻璃光泽。这三类石材在鄂、赣两省交界的幕阜山有大量贮藏，可能系就地取材。绿松石类玉制品色彩鲜艳，多呈翠绿、浅绿和苹果绿色，显腊状光泽，微透明，色泽接近湖北郧县等地的绿松石。叶腊石制品仅侧身羽人一件，呈柔和的棕红色，质滋润，有滑感，显蜡状光泽，纯真无瑕，色泽均匀，材质与浙江青田玉的紫檀冻相当[46]。

大洋洲玉器群中的璧、瑗、璜、琮一类礼器和戈、矛、铲以及装饰品中的柄形器、坠形饰、笄形器等，在造型上大多数是模仿中原商式玉器。斜线纹、方格纹、菱形纹、回字纹、对角几何纹、莲瓣纹和臣字目的兽面纹等，也是中原商式玉器上常见的装饰纹样。邹衡先生认为，大洋洲玉器从整体上说是商代的，同其他省发现的玉器和传世玉器相比较，可以看出商代的作风，而不是周人的作风[47]。如标本 648 号琮（图一九），灰黄色，外方内圆，两端面平，有短射，器体四角凸起形成对称的长方弧面，弧面的上下饰浮雕式蝉纹，上下蝉尾相对，蝉

图一九 玉琮

呈大头圆眼、宽翼窄尾的弧状，琢工较粗，有的圆眼几乎分辨不清。器身中间一浅横凹槽将方弧面和整个琮体分为上下两节，砣轮切割痕明显，中部横截面抹角微呈方形，上下两端各饰阴纹三周，且都是最外一周较深，另两周较浅，中央一浅横凹槽和四角的横凹槽相平齐，其宽度相等，在浅横凹槽的上下各饰阴纹二周，这些阴线纹多数硬直平行，也有少数线段偏离呈斜线。孔眼是双面管钻，故两端射径基本相同，孔壁打磨光滑，抛光，它在造型、装饰纹样及琢制方法等方面，基本与妇好墓出土的三件琮（标本1003、1050、1051）相同，表现出强烈的商时代特征。李学勤先生认为玉琮上的椭圆兽面，同于良渚文化的所谓"蚩尤环"。琮和臂圈的形制，显然来自良渚文化，只是上面的饕餮纹变形了。另外在玉串饰中有带穿孔小榫的笋形饰，是良渚文化常见的物品之一，这种现象表明吴城文化与江浙古文化的内在联系[48]。

当然，大洋洲玉器群在造型艺术上也有自己的个性，既具有高度的写实性，又有丰富的想象力。圆雕侧身羽人人体比例大体适当，耳、目雕琢精细，一丝不苟，表情生动，衣纹柔和、协调，以简练概括的线条勾画出肌肉和羽翼的特点。这件羽人，不仅腰背两侧有羽翼，犹如两只翅膀，腿部垂羽毛，而且嘴呈勾喙，头顶上还有一伏鸟作冠，可谓从头至腿都充分地表现出"鸟"的特征。但其头、面、目、身躯、手、脚等却是人的特征，有机地把人和鸟集于一身，便设计成一个赋有浓厚怪诞色彩的"羽人"形象。其他绿松石蝉、蛙等写实作品，采用写实的手法，造型完美，形象逼真，栩栩如生，各个局部的特殊质感与习性特征相当明显，给人以深刻的印象。尤其是玉蛙，器体之小巧，形象之逼真，实乃商代动物玉雕中所罕见。

图二〇 玉鱼

二件玉鱼（图二〇）采用夸张手法，标本 667 灰白色，显蜡状光泽，不透明，头近横长方微弧顶形，体扁平而宽，颈下两侧有外张的鳍翼，两侧腹微鼓，尾分叉成刀刃状长尾，通体素面无纹，既表现鱼的一些主要特征，却又非如实模拟，而是作一定的夸张加工，从而反映出工匠们的丰富想象力和浪漫主义情趣。

彭适凡先生对大洋洲玉器进行观察后指出，玉料的切割工具是青铜质的长条形片状工具锯[49]。玉工根据其所琢器物需要的规格和厚薄程度选定玉料后，打稿定线，如要在玉器边缘琢成阳线纹的浅浮雕效果，则事先打稿定线，必须在边缘用双线阴刻出所作玉器外轮廓，然后沿着双线的外阴线进行锯切。在内阴线侧减地，其外廓边缘稍经打磨修平即显出凸阳纹的浅浮雕效果。标本 633 神人兽面形饰两侧的扉棱和高冠的周缘就是用此法锯切和琢成的，玉玦的缺口也是用青铜片状工具锯切割所致。

侧身羽人器表圆滑，造型工整，未见任何琢制缺陷或瑕疵，是大洋洲玉器中最为精美的一件，最能体现其玉器琢制工艺水平。器体为圆雕，全器用一块璞料琢成，使用了浅浮雕、圆雕、镂雕等几种高难度的琢玉技法，耳、目、眉、肩、双臂中部的两道凸棱、腰背两侧至臀部的二列鳞片纹以及羽翼等均采用单线或双线阴刻，然后在线外减地，琢成浅浮雕状。头顶的鸟冠、尖喙采用镂雕法，三联套环、双脚底部的凹槽用掏雕法，双脚背部直穿至后跟的小孔用管钻法单面钻，尤其是三联套环，环环相扣，是在一块完整的玉材上掏雕而成，显示了相当高超的工艺技术。掏雕在琢玉行业中又叫"活链"。如果要琢制一件带链子的产品，则在琢制大轮廓之前，就应当依据设计稿先从料上把链子取出来，这就叫"活链"。"活链"的做法是先把链子的长、宽、厚度切割出轮廓，拼凑琢出链子的立股和卧股的大型，再把一个一个的链子瓣分割出来，或使用打眼手法以金钢或合金钢钻头做的钻杆在链环中连续钻眼，去除余肉，或使用"勾铊"把一个一个链环中的余肉磨除，再用细丝带动细金钢砂将环与环之间及环与器身相连的部位拉开，这时链条就可以活动了，最后再用适当工具将每个链环的棱角磨顺，形成一条形体统一规矩的链条。即使是在工艺技术发达、工具先进的今天，活链也是琢玉技术中一项难度甚高的工艺，所以在三千多年前的商代，要琢制出如此精致的套环，其工艺之难是可想而知的。

彭适凡先生认为，玉器制作的工具既有砣具，也有青铜刻刀和凿，这一结论可以与该遗存中出土的青铜刻刀和凿相印证。阴刻的纹线大多数是用砣具打磨加工出来的，像玉羽人尖喙部两侧的圆弧状卷云纹，从转弯处清晰可见的歧出线纹来看，其琢制方法是有砣具雕刻出短直线段，然后连接成圆弧。砣具用于玉器琢制，始于新石器时代的良渚文化[50]，夏、商时期得到继承和发展，妇好墓出土玉器、三星堆出土玉器和金沙出土玉器上均可见到砣制的痕迹[51]，大洋洲玉器砣具是这一传统的继承。

综观大洋洲所出玉器实物，充分证明其打磨加工技术已十分成熟精湛，琢玉工艺不仅已从线刻发展到了浮雕，而且已出现了造型复杂的圆雕。就线刻而言，一些璧、瑗、戈等，工艺水平相当高，如瑗两面的成组同心圆周线（图二一）都十分规整而流畅。玉匠不仅能制作长度近 50 厘米的大型戈（图二二），还能制作长度不到 2 厘米的圆雕蛙（图二三）；不仅能在

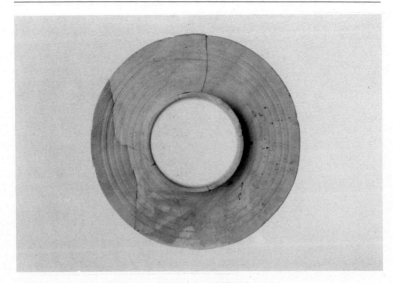

图二一　玉瑗

图二二　玉戈

图二三　绿松石蛙

长度达 20 厘米的柄形器上对钻出小孔（图二四），还能在硬度达摩氏 7 度的水晶上琢出规整的圆弧，表现出高超的琢玉工艺。

　　大洋洲玉器中有二件玉璧，肉好若一，好的周边凸起圆轮，杨建芳先生称之为"有领环"[52]。孙华先生称之为"凸好郭器"，他认为，广汉三星堆器物坑中这类器物数量最多，形制多样，不仅有玉石的，也有青铜的；不仅有似环的，也有似瑗的。凸好郭器是三星堆文化的传统工艺，三星堆文化的分布区四川盆地应是凸好郭器的起源地，大洋洲大墓的凸好郭器很可能是受三星堆文化玉器工艺影响的结果[53]。

　　（6）大洋洲器物群综合研究。

　　苏荣誉先生等对大洋洲青铜器的铸造工艺进行了全面而系统的研究。他们认为，大洋洲青铜器表明当时已掌握了先进的

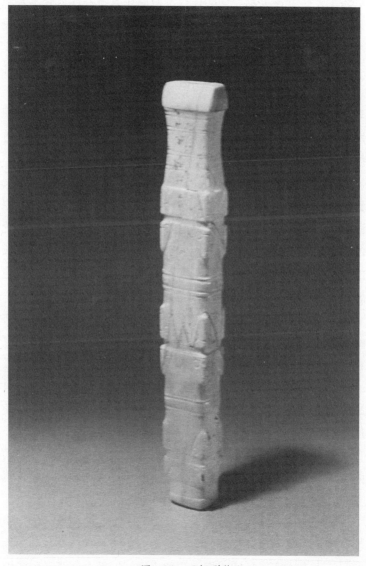

图二四 玉柄形饰

范铸工艺、分铸工艺、铜芯撑技术及高锡青铜器淬火技术等较为先进的工艺技术，但在大型器物的铸型结合上还存在一定差距，个别器物上留有多次补铸的痕迹[54]。

彭适凡先生认为，大洋洲的青铜器可以分为殷商式、融合式、土著式、先周式四类，青铜礼器以融合式为主，兵器和工具则以融合式、土著式为多，表明吴城文化的青铜礼器是受中原商文化影响的产物，而兵器和工具则更多地保留了自身的传统式样[55]。

李健民先生认为青铜戈在商代二里岗期的分布向南方扩展到湖北，至殷墟二期更扩展到江西，大洋洲的青铜戈是受中原商文化影响所致。青铜矛则富有鲜明的地方特色，属于"传统的南方土著文化型式"，是承袭南方青铜矛传统作风土生土长的地方性青铜兵器。中原青铜文化吸纳南方的青铜矛，同样也融入自身的文化因素，形成殷商文化的特色[56]。

彭明瀚认为，大洋洲出土青铜农具包括了开荒起土、中耕除草、收割等农业生产全过程所必需的器种。同一种器物还存在不同的形制，而且有的还在使用的过程中出现了严重磨损，表明吴城文化当时已利用便利的铜矿资源，大量铸造青铜农具来提高农业生产力，使得青铜农具在这一地区已被广泛使用[57]。

邵鸿、彭明瀚认为，大洋洲商墓出土的十六件青铜手斧功能与中原地区流通的贝币一样，应为商代江西地区流通的青铜斧币，也是这一地区早期金属货币的雏形[58]。

吴城文化上述两次考古大发现，与过去江西各地零星出土的青铜器、吴城遗址发现的冶铜遗迹、出土的石范及其他遗物一起，大大丰富了吴城青铜文化的内涵，对整个江西商周考古工作起了很大的促进作用，揭开了江南商代考古的新篇章。这两次考古发现反映出吴城文化繁荣时期已经具备了强大的经济、文化实力，在赣江、鄱阳湖流域形成了一个高度发达的青铜文明中心，创造了灿烂的物质文化和出神入化的青铜艺术。

（二）吴城文化遗址的进一步调查与发掘

江西的考古工作者受瑞昌商周矿冶遗址和新干大洋洲商墓两大考古新发现的鼓舞，在赣江中、下游鄱阳湖西北岸的广大地区进一步开展大规模的文物调查与发掘工作，其重点在赣北的德安、赣中的樟树等地区。本阶段经正式考古试掘与发掘的吴城文化重要遗址有瑞昌铜岭商周矿冶遗址、檀树嘴遗址[59]，新干大洋洲商代大墓，九江龙王岭遗址[60]、德安石灰山遗址[61]、陈家墩遗址[62]、猪山垅遗址[63]、黄牛岭遗址[64]、蚌壳山遗址[65]、永修界牌岭遗址[66]、戴家山遗址[67]，新余陈家遗址等[68]。吴城遗址也进行了四次试掘与发掘，发现了大型祭祀广场，弄清了长廊式道路的走向，解剖了城墙、城壕[69]。这一系列考古调查与发掘，取得了丰硕的成果，同时也推动了吴城文化的研究走向深入。

1. 樟树吴城遗址

吴城作为长江下游进入文明阶段的代表性遗址，是否具有城邑的形态，一直在困惑着人们。早在第三次发掘时，文物考古工作者对城墙的修筑年代、性质就进行了初步的探索，并曾对该城墙进行解剖，遗憾的是囿于当时认识的局限性，因未见到夯筑痕迹，对城墙未敢轻易下结论。随着20世纪90年代古城、古国探索热的兴起，中国许多地区都发现了龙山时代乃至仰韶文化晚期的城址。受这一系列发现的鼓舞，为了进一步弄清吴城古城的修建年代、城内布局等问题，考古工作者们先后进行了四次主动发掘，共开探方八十四个，探沟八条，揭露面积 2385 平方米。通过发掘，我们对吴城城墙的年代、结构、功能、修筑方法和城内布局等问题有了更为全面、清晰的了解。

1992 年 9－11 月，江西省文物考古研究所、中山大学人类学系考古专业与樟树市博物馆组成联合考古队，对吴城遗址进行第七次发掘。这次发掘的目的是围绕探索 1986 年发掘的"长廊式道路"遗迹，重新将 1986 年发掘的探方清理出来，并在 1986 年发掘区的北面和东面布方，共开探方四十三个，揭露面积 1300 平方米。通过发掘，基本弄清了"长廊式道路"的布局、结构和功能，初步判定这是一处由道路、建筑遗址、祭祀台座以及红土台地、柱洞群等组成的大型祭祀场所。结合前六次发掘资料进行分析，基本可以肯定吴城遗址是殷商时期赣鄱流域一个重要的方国都邑。

1993 年 9 月至次年元月，江西省文物考古研究所、厦门大学人类学系考古专业与樟树市博物馆组成联合考古队，对吴城遗址进行第八次发掘，共开探方三十一个，探沟七条，揭露面积近 860 平方米。此次发掘清理大量灰坑，出土一批可复原器物和小件青铜器。发掘期间还收集到山前乡桥背村张晓如在正塘山采集的一件青铜锛。

1995 年下半年，江西省文物考古研究所与樟树市博物馆联合对吴城遗址进行第九次发掘，揭露面积近 50 平方米，在不足 2 平方米的城壕底部发现了四具商代颅骨。这次发掘，通过剖析西城墙，初步确定吴城遗址城墙年代为商代，城墙外侧有护城壕。

2001 年 10－12 月，由于遗址考古报告编写工作的需要，江西省文物考古研究所和樟树市博物馆联合对吴城遗址进行第十次发掘。此次发掘再次对吴城遗址西段城垣进行解剖，在1995 年所开的探沟南北两侧扩方，共布十个探方，揭露面积175 平方米。通过此次发掘，对吴城城墙的年代、结构、功能、修筑方法有了更全面科学的了解。发掘表明，城墙始建于吴城遗址第一期，第二期进行了大规模扩建，在原有基础上加宽垒高，第三期废弃。现存城墙残高 5－15 米不等，城墙一周有十一个缺口，其中五个缺口两侧有墙垛，根据缺口现存形状、结构、布局等多方面因素可以推定北缺口、东北缺口、东缺口、南缺口和西缺口应与城门有关，当地村民也一直叫这五个缺口为北门、东北门、东门、南门和西门，这一现状与文献记载相印证："吴城，又名铜城，有城垣、城门。" 2001ZWY1呈上窄下宽的梯形，残高 3.3 米，顶面宽 8 米，墙基宽 21 米，城外有一条与城墙走向一致的护城壕。2001ZWH1 呈口大底小的斗状，口径 6.5 米，底径 1.3 米，壕深 3.1 米。垣体依自然山势、地势修筑，挖高补低。垒筑的方法是先平整地面，然后在主城墙相应的地面处向下挖出一道与城墙平行的口宽底窄、底部平坦的斗状沟槽，然后用纯净生土一层层堆垒，当土层筑到与沟槽口部相平时，则把城墙加宽，再逐层堆垒，泼水踏实，直至设计高度。同时，为了进一步加强城墙的防御能力，便于筑城取土，还在垣外取土区顺城墙修护城壕。

从现存城墙观察，先民建城选址时是针对地形条件，依托天然岗丘和河道的，因而在平面形制上不规则，不如华北的郑州二里岗商城、偃师商城那样整齐。根据南方地下水、地面水和降水量都较多的情况，在城外侧还挖筑护城河。护城河的开挖，把人工开凿与利用现有的天然河道结合起来，这不仅减少了工程量，还使防御功能更为实用有效，把排水泄洪、防御护卫等多种功能有机地结合在一起。这些城址选址思想和筑城方法与中原不同，是长江中游地区新石器时代以来技术传统的继承。尤其值得注意的是，在外城壕4平方米范围内出土了十六具颅骨，其中二具颅骨表面留有明显的锐器砍伤痕迹，时代为吴城三期，表明吴城的废弃可能与战争有关。

2．九江龙王岭遗址

该遗址位于九江县马回岭乡龙王岭村东南的山冈上，张家河自东向西从其北缘流过，遗址高出河床约30米，属河旁丘陵台地型遗址。地势大体呈东北端较高，西南部略低之斜坡状，面积约7500平方米。该遗址系1983年全省文物普查中发现，1990年秋，为配合南昌至九江高速公路建设，江西省文物考古研究所、九江市文物名胜管理处、九江县文物管理所组成联合考古队，对遗址进行抢救性发掘，共开探方六个，发掘面积150平方米，发现水井一眼，出土完整和可复原陶器八件及一大批陶瓷残片。根据地层堆积和陶器器形演变、装饰风格等因素判断，该遗址可分为三期，初步可以将其时代推定在吴城遗址一至三期的范围之内。

第一期文化有完整和可复原陶器鬲、盘、盆和折腹罐（原发掘简报称折肩罐）等共七件，遗物出自第三层和一号水井，陶质以泥质灰陶为主，夹砂灰陶次之，泥质红陶、夹砂红陶、硬陶较少，另有约11.29％的外挂黑衣陶。纹饰以细绳纹为大宗，另有少量弦纹、附加堆纹、方格纹、叶脉纹和云雷纹等，素面陶不多。主要陶器有分裆袋足鬲、盆形鼎、折腹罐、圈足盘及长颈罐等。从这些陶器的造型和装饰风格来看，与二里岗下层晚段的同类器相近[70]，也就是说，在时代上比吴城遗址一期文化还要早。

二期文化遗物中陶器仍以泥质灰陶为主，夹砂灰陶次之，夹砂红陶和泥质红陶有一定数量，但硬陶比例较一期有所递增，约占23%，挂黑衣或黑皮磨光陶与一期大致相同。纹饰以绳纹为主，弦纹、菱形纹次之，还有少量方格纹、窄条附加堆纹、刻划纹、箎点纹、云雷纹、凸方点纹和错乱云雷纹、叶脉纹等。常见器形有鬲、鼎、豆、折肩罐和折肩尊等。

三期文化遗物中石器有马鞍形刀及铤扁菱形镞。陶器仍以泥质灰陶为主，夹砂灰陶次之，余为夹砂红陶和泥质红陶。硬陶数量与二期相当，而黑衣或黑皮磨光陶为数不多。纹饰中绳纹仍占大宗，但所占比例明显下降，新出现乳钉纹、田字纹、菱形回字纹等。器物种类无明显增加，但鬲、盆、尊、罐等形制有所变化。

龙王岭遗址早商文化性质的确定，不仅使商文化在江西的全貌更加明确，而且还为在江西逐步探索和判断夏时期文化遗存创造了条件。龙王岭早商文化的发现，使得江西先秦史的年代上限更加逼近夏时期。

3. 瑞昌檀树咀商周遗址

该遗址位于瑞昌市西北夏畈乡檀树咀村西南山坡上，高出周围水田1.2-1.5米，面积约2000平方米，南部有南溪河流过，属于山前台地型遗址。该遗址是1992年为寻找与铜岭商周矿冶遗址相关的作坊区、生活区遗迹所展开的考古调查工作中发现的。江西省文物考古研究所会同瑞昌市博物馆先后于1992年和1999年进行二次考古试掘、发掘，揭露面积约300

平方米，发现灰坑八个、灰沟二条、房基六座、墓葬七座，出土各类文物标本一百多件。

根据地层堆积和各层出土遗物的演变规律，可以分为上、下二层，上层文化堆积为春秋时期，下层文化堆积为商代。此次发现的文化遗迹全部属于下层文化，灰坑有圆形和椭圆形二种，均作斜壁、圜底形，口大底小。房基均为地面建筑，有圆形和方形二种，面积大小不等，建造方法是先在平地挖柱洞，然后立柱盖顶，灶台一般设在室内中部。墓葬为长方形土坑竖穴墓，东西向或东偏南，随葬品少，不见骨架，部分墓的墓壁和墓圹经过火烧烤。

下层文化出土物均为陶器。陶质可以分为夹砂软陶、泥质软陶、印纹硬陶和黑皮磨光陶四类，软陶数量较多，次为印纹硬陶，有一定数量的黑皮磨光陶。器形有鬲、罐、豆、尊、钵及盘等，以鬲为大宗。鬲多为夹砂陶，豆多为黑皮磨光陶，罐多为印纹硬陶，尊、钵、盘为泥质陶。纹饰以绳纹居多，其他还有云雷纹、曲折纹、叶脉纹、附加堆纹、席纹、方格纹和刻划纹等。绳纹多见于鬲，附加堆纹施于器物肩部，云雷纹、方格纹多见于罐。从器物形制、装饰风格和制作工艺等方面来看，与铜岭商周矿冶遗址出土的同类器物一致，与吴城遗址的同类器物大体一致，因而该遗址属于吴城文化，年代在吴城遗址三期文化范围之内。

该遗址北距长江约 5 公里，西距铜岭商周矿冶遗址约 2 公里，与湖北黄陂盘龙城商代城址仅一江之隔。因而，它的发掘对于我们探讨铜岭商周矿冶遗址的性质、商人南下的动因乃至商代青铜原料的来源等热点问题都具有十分重大的意义。

4. 德安陈家墩商周遗址

该遗址位于德安县米粮铺乡，1982年在全省文物普查中发现，现存面积约7000平方米，高出周围水田3-6米，附近有小河流过，属台墩形遗址。为了配合京九铁路（江西段）建设，江西省文物考古研究所会同德安县博物馆先后于1993年9月至次年元月和1994年下半年二次进行考古发掘，共开探方三十四个，揭露面积1110平方米，发现灰坑、灰沟、房基、水井等遗迹，出土各类文物标本数百件。

根据地层堆积和各层出土遗物的演变规律，可以分为上、下二层，上层文化堆积为西周至春秋中期，下层文化堆积及开口于此层的五眼水井为商代。水井分圆形、方形二种，圆形井四眼，方形井一眼。从现存井体看，它们均打破深红褐色生土层，深入红色风化砂岩中。井壁笔直、光滑，未见工具挖掘痕迹，底下凹呈锅底状，个别井底部见泉眼。出土器物主要是陶质、竹木质的汲水器，提升用的鹿角、竹编织物，测量用的木垂球、木觇标镦等。木垂球、木觇标镦是已知我国最早的测量工具，使我们解开了掘井技术之谜。三号、四号井中出土的汲水器和提升工具，特别是陶器外表还留有竹编织物痕迹，这表明当时是用竹编织物裹着陶器，以绳索和钩状器连接着放入井中汲水和提水的，这样既可防止陶器与井壁直接相碰而损坏，又便于汲水。汲水器圈足绝大部分被有意打掉，使之上重下轻，在井水面上容易倒下，这又解决了在深井中汲水提水的问题。

属于商代的出土物有陶器、石器和木器。陶器主要为生活用具，出土三百多件，可辨器型有折肩罐、球腹罐、鬲、深腹盆、折肩尊、钵和甗形器等，以各式罐和鬲为大宗。陶质以泥质灰陶挂黑衣为主，泥质和夹砂红陶、灰陶，硬陶、原始瓷较少。所用陶土，均经淘洗，胎质比较细腻，且薄胎较多。纹饰以粗、细绳纹为主体，其他有弦纹、网格纹、云雷纹、曲折纹、叶脉纹、席纹及圈点纹等，个别器物上有刻划符号。这些陶器无论是造型还是装饰纹样，都与吴城遗址的同类器物大体一致。在吴城遗址二、三期文化的年代范围之内，只是陶质以泥质灰陶挂黑衣为主这种情况与吴城遗址略有不同，发掘简报认为这是受石灰山遗址影响所致，二者之间有前后继承关系。

（三）吴城文化专题研究

1. 吴城文化分期与年代再探讨

龙王岭遗址的发掘，为我们认识赣江、鄱阳湖流域早于吴城遗址一期的文化面貌提供了重要线索。该遗址发掘的主持者李家和先生以此为契机，将过去发现的一些青铜文化遗址重新加以排比，认定诸如德安石灰山遗址一、二期，九江神墩遗址2号水井、万载仙源墓葬和瑞昌铜岭商周矿冶遗址第11号竖井等，都应为早商文化遗址[71]。不过，李家和先生并没有据此重新对吴城文化进行分期。应该说，九江龙王岭遗址的发掘，向人们展示了赣江、鄱阳湖流域早于吴城一期的商时期考古学文化面貌，新干大洋洲商墓的发掘，则大大丰富了吴城三期文化的内涵，使人们对赣江、鄱阳湖地区晚商时期的文化有了更为清晰的认识，从而使得我们有条件对80年代提出的吴城文化分期进行再探讨。

依据吴城文化鬲、盆、豆、器盖、折肩尊、折肩瓮、小口折肩罐和甑形器八种典型陶器（图二五）的特征及其组合方面的差异，再与中原地区同时期遗址出土物相比较，可以将吴城文化分为四期五段（附表一）：

附表一：吴城文化各遗址分期对应关系表

期第	龙王岭	石灰山	吴城	大洋洲	与中原商文化对照
一期	第一期				二里岗下层二期
二期	第二期	第一期	一期早段		二里岗上层一期
		第二期	一期晚段		二里岗上层二期
三期	第三期		二期		殷墟一、二期
四期			三期	△	殷墟三、四期

　　第一期相当为二里岗下层晚段，目前仅见于龙王岭遗址第一期文化，遗物出自第三层和一号水井，主要是陶器。陶质以泥质灰陶为主，夹砂灰陶次之，泥质红陶、夹砂红陶、硬陶较少，另有约11.29％的外挂黑衣陶。纹饰以细绳纹为大宗，另有少量弦纹、附加堆纹、方格纹、叶脉纹和云雷纹等，素面陶不多（附表二）。器物有 Aa 型 I 式鬲、盆形鼎、折腹罐、圈足盘和长颈罐等。Aa 型 I 式卷沿尖唇袋足鬲，呈器高大于器宽的深腹型，卷沿，尖唇，束颈，高分裆，尖锥状实足尖，颈、腹间有二道不规则弦纹，腹、足饰直条细绳纹，风格介于二里头遗址第四期文化的 II 式卷沿鬲（ⅤT126③：11）和二里头遗址二里岗下层文化的卷沿鬲（ⅤH73：26）之间。盆形鼎为夹砂红陶，卷沿、尖圆唇、深腹、圜底，锥状足，上腹饰附加堆纹一周，与二里头遗址第四期文化的 IV 式盆形鼎（ⅤT202③B：11）器型相近。Aa 型 I 式卷沿翻缘尖圆唇深腹盆为卷沿，尖圆唇，束颈，深腹，凹底，风格与二里头遗址二里岗下层文化的 I 式侈口盆（ⅤH120：12）相同[72]（图二六）。因

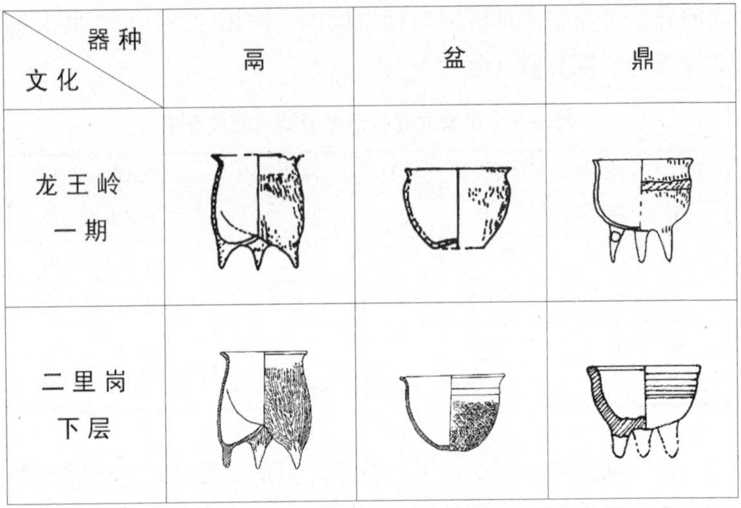

器种 / 文化	鬲	盆	鼎
龙王岭 一期			
二里岗 下层			

图二六　龙王岭遗址第一期文化主要陶器
与二里岗下层同类陶器对比图

此，我们将本期文化的相对年代定在二里岗下层二期。

附表二：吴城文化各期陶器陶质、纹饰对比表（单位：百分比）

期段	典型单位	陶质		纹饰		
		软陶	硬陶	素面	绳纹	几何纹
一	龙王岭 T3、J1	77.8	22.2			
二	吴城 1974 秋 T7	79.65	20.35	4	89	7
三	吴城 1974 秋 ET5H4	73.11	26.89	63.8	12.7	23.5
四	吴城 1974 秋 ET9H11	58.5	41.5	71	5.9	23.1

注：硬陶中含原始瓷。

　　第二期（即原吴城遗址第一期）包括早、晚二段，分别相
当于二里岗上层一、二期，目前仅见于龙王岭遗址第二期、石
灰山遗址、瑞昌铜岭商周矿冶遗址 11 号矿井和吴城遗址第一

图二七　吴城文化石质工具和武器
1. 有段石锛　2. 镞

期等少数遗址。生产工具有石锛、石刀、石镰、石凿、马鞍形陶刀、网坠及纺轮，武器有石矛、石戈、石镞和石钺（图二七）。生活日用器主要是陶器，陶质以泥质灰陶为主，夹砂灰陶次之，印纹硬陶较第一期文化有所增加，本期晚段还出现了原始瓷。几何纹样较一期文化有所增加，多数拍印粗绳纹、方格纹、圆圈纹、弦纹、云雷纹、篮纹、S形纹、曲折纹、蚕纹或花瓣纹等几何纹样。器物在第一期文化的基础上新增甗形器、仿铜柱足方鼎、深腹罐、B型豆、折肩罐、折肩尊、折肩瓮、大口尊、大口缸、盂、斝、伞状器盖及龟尾器盖等。

本期晚段开始出现刀、锛一类铸造工艺简单的小件青铜工具和铸铜石范，大型器有凤首器盖。另外，大洋洲出土的青铜器，从形制、工艺和装饰手法来看，有少数几件属于此期，如锥足鼎、乳钉纹大方鼎等，表明这一地区已掌握了青铜铸造技术，除能铸造简易的工具或武器外，还能铸造工艺复杂的容器。吴城遗址的陶器上往往刻有陶文，多数为一个字，也有多字成句者，表明这一地区已经有了简单的文字。吴城古城的城墙也在本期晚段开始兴建，各种迹象显示吴城文化将进入一个新的发展阶段。

第三期（即原吴城遗址第二期）以吴城 1974 秋 T7 第②、③层和吴城 1974 秋 ET7 第②层为典型单位，相当于殷墟一、二期。石质生产工具在第二期文化的基础上新增斧、铲、耒，武器与第二期文化大体相当，生活日用器主要是陶器。陶质以泥质灰陶为主，夹砂灰陶次之，印纹硬陶和原始瓷的数量较第二期文化有了明显增加。粗绳纹和圆圈纹基本上被绳纹、细绳纹以及带有浓厚地方特色的圈点纹所取代，几何印纹纹样得到了很大的发展，从二期的十几种增至三十多种，诸如凸方块纹、回字纹、三角窝纹、圈点纹、米字纹、菱形纹、菱形填线纹、横人字纹、水波纹、席纹、曲折纹、叶脉纹、菊瓣纹、长方形方格纹、交错绳纹及重回字对角交叉纹等。拍印工艺也大为提高，一件器物上同时装饰多种纹样，各种纹样组合得体，排列有序，疏密有间，说明陶工们在拍印过程中，对纹饰的组合以及空间布局都进行了精细的艺术构思。如小口折肩罐、折肩瓮、折肩尊、Ab 型鬲、B 型鬲、C 型鬲及器盖等多饰以圈点纹并界以二道凹弦纹组合成的带状纹。除了沿用第二期文化的陶器外，吴城地区的鬲、深腹盆一类器物颈部加长，形成长直颈鬲、长颈深腹盆，新出 Ab 型 I 式鬲、B 型 I 式鬲、C 型 I 式鬲、甑、折沿釜、Ab 型 I 式盆、长颈罐、簋、圈足盘、覆钵状器盖和带扉棱器盖等器种。

此期青铜器呈现勃兴的趋势，无论从发现的地点还是数量、种类、质量上看，都远远超出了上一期。吴城遗址出土了三百多扇石范和七个显示铸铜迹象的灰坑，石范往往与木炭和炼渣伴出，表明本期吴城古城内有一处铸铜作坊，进行专业化生产。此期青铜工具有锛、凿、削，武器有戈、矛，大洋洲出土青铜器中绝大部分属于此期。除大洋洲商墓外，能确定属于本期文化的青铜容器和乐器还有樟树吴城正塘山二号墓出土的一件平底斝、锄狮脑出土的二件扁足鼎[73]、遂川出土的一件卣[74]、都昌乌云山出土的一件甗[75]。乐器有宜丰天宝[76]、永修四联村出土的铙等[77]，显示了较高的青铜铸造技术。

第三期文化遗址比较多，遍及赣北、赣中各地，表明这一时期吴城文化的分布区域有所扩大，各地社会经济、文化得到了较快发展。尤其是在吴城古城，目前所发现的房基、水井、灰坑、灰沟、墓葬、陶窑、铸铜作坊以及祭祀广场、祭台、道路等重要遗迹、遗物均属于这一时期，陶文中的绝大部分也属于本期。种种迹象表明此时吴城已发展成赣江、鄱阳湖地区一个区域性文明中心。

第四期（即原吴城遗址第三期）以吴城1974秋ET7H8和新干大洋洲商墓为典型单位，相当于殷墟三、四期。生产工具和武器与第三期文化大体一致，生活日用器主要是陶器，陶质以泥质灰陶为主，夹砂灰陶次之，印纹硬陶和原始瓷较第三期文化有了明显增加，在全部陶器中所占比例达39%。陶瓷器上的几何纹样基本上与三期相同，但粗绳纹和圆圈纹已完全消失，同时，个别纹样也有新的演化和发展，三期的回字纹在本期变得更松散、更大块，并演变出菱形回字纹和回字凸点纹等。拍印工艺也有明显提高，有的器物上，竟同时施以四种以上纹样，素面器的比例较三期文化有了明显增加。本期陶器沿用三期文化的器种，但甑、甗、深腹罐一类中原式炊器已完全消失，陶鬲也明显变小，高度在 10 厘米左右，估计已失去了炊器的功能，或许此时本地的炊器由釜和甗形器来充当。折腹罐、Aa 型盆已少见，新出高领折肩尊、侈口小平底折肩罐等。鬲由长方体变为扁方体，并出现扉棱作风，分别饰于鬲之腹部和 Aa 型伞状器盖之上，假腹豆还出现仿铜作风的横"S"形纹，部分圜凹底和平凹底作风发展到这一阶段已变为近平底，提梁和带系作风明显增加，豆柄上重新出现十字镂孔作风。

大洋洲出土青铜器从形制、工艺和装饰手法来看，有少数几件属于此期，如长胡四穿戈、勾戟等，此外尚有新干中棱水库出土的八件鼎[78]、东乡县城郊出土的一件鼎[79]等。

关于第四期文化的时代，《简报》和唐兰先生均认为相当于晚商，可能延续到了周初[80]，李伯谦先生认为不会超出晚商，大致相当于殷墟三、四期，我们认为这一推论是正确的。大洋洲商墓发现后，再一次以实物证明这一推论的正确性。大洋洲的青铜器大多数与殷墟时期同类器物相同，这是目前学术界比较认同的看法[81]。大洋洲陶器群均与吴城文化第四期的同类器物相同，发掘报告推定其为吴城遗址二期（即本文第三期），但从该遗存的主要陶器 C 型 II 式鬲、Ab 型 II 式深腹盆、Bb 型 II 式豆、小口折肩罐、小口折肩瓮及大口折肩尊等主要陶器的形制变化来看，与吴城第四期的同类器相近。比如折肩瓮、折肩罐、折肩尊均侈口，平折沿、尖圆唇外翻，没有属于商文化因素的分裆鬲、假腹豆、浅腹盆等等。硬陶和原始瓷占全部陶器的 40%，这一比例远远高于三期的 26.89%，与四期41.5%的情况相近，应归入吴城遗址三期[82]，即本文的吴城文化第四期。碳十四测年数据也支持大洋洲器物群属于吴城文

化第四期，吴城遗址第三期有四个碳十四数据[83]：3590 ±
135、3200±110、3200±90、3000±100，大洋洲商墓有三个
碳十四数据[84]：3620±140、3110±330（1160BC）、3360±
160，如果各去掉一个明显偏早和偏晚者，二者的数据基本接
近，落在晚商年代范围之内。

2. 吴城文化的特征与类型

吴城文化先后延续了四五百年，分布范围又比较广，其文
化内涵相当复杂。吴城文化发现的遗迹有房基、水井、灰坑、
灰沟、窖穴、冶铜遗迹、烧陶窑址、道路、墓葬、祭台、大型
祭祀广场和城墙等。遗物有陶瓷器、玉石器、青铜器、竹木器
及骨器等，石质工具和武器有石铲、石锄、梯形石锛、有段石
锛、凹刃石斧、石凿、长方形石刀、马鞍形石刀、石镰、石
戈、石矛、石镞及石钺等，以马鞍形石刀、凹刃石斧、有段石
锛最具地方特色。下面主要从陶器群和青铜器群两个方面来剖
析吴城文化的内涵。

基于以上认识，根据上文的典型陶器群和其他见诸报道材
料的综合分析，我们依据反映不同文化特征的典型器物组合的
整体风格，将吴城文化的陶器略分为以下五群：

A群器物主要有 Ab 型鬲、B 型鬲、C 型鬲、Ab 型盆、小
口折肩罐、高领折肩罐、大口折肩尊、折腹罐、B 型浅盘豆、
鸟啄状捉手器盖、覆钵状捉手器盖、带扉棱器盖及马鞍形陶刀
等（图二八），品种丰富，数量多。普遍流行折肩和凹底作风，
始见于第一期文化，流行于第三、四期，演变规律明显，在整
个陶器群中占主导地位，在属于第四期文化的大洋洲商墓中，
本群陶器占80%以上。第一期文化中多为橙黄软陶，饰方格
纹，二期文化后以硬陶和原始瓷居多，饰以云雷纹和圆圈纹、

图二八　吴城文化Ａ群陶器

1. 长颈联裆鬲　2. 小口折肩罐

圈点纹、席纹、叶脉纹及方格纹等几何纹样，篮纹或绳纹罕见。所饰纹样均较为规整，说明纹饰的装饰手法除拍印技术外，可能还有一定数量的模印技术。

本群陶器中，炊器以联裆鬲、瘪裆鬲为典型器物，盛贮器则以折肩类罐、瓮、尊为典型器物，目前可知这些文化因素绝不见于典型的商文化和周邻地区的同时期遗址之中，地方特色明显。从目前已发现的陶器来看，多三足器和凹底器，圈足器少见，罐、尊、瓮一类盛贮器盛行折肩、凹底作风，盆作深腹、凹底式，此类风格最早见于东下冯遗址第一期文化，也是该遗址第一至四期文化陶器中较为普遍的文化因素。东下冯遗址第一至第四期文化相当于二里头遗址第一至第四期文化，一般认为是夏人的考古学文化遗存。

Ｂ群器物主要有Ａa型鬲、Ａ型豆、Ａa型盆、Ｂ型盆、深腹罐、斝、簋、大口尊、伞状器盖和圈足盘等（图二九）。本群陶器的主要特点是具有浓厚的商文化作风，陶器以夹砂或泥质灰陶为主，亦有少量硬陶和原始瓷。绳纹最流行，几乎每一种器物都可以在商文化中找到相对应之物，尤其是与早商文化盘龙城类型的同类器比较接近，但细加比较，又没有一件完全相同，有的形制基本一样，但质地、纹饰却是 A 群常见的硬陶、原始瓷和几何形纹样。此群器物相对数量很少，形制变化少，从第三期开始产生变异，出现地方化的趋势，比如在吴城遗址第二期，斝已基本上消失，Aa 型鬲、Aa 型盆在以吴城为中心的樟树盆地也基本上为富有本地特色的 Ab 型鬲、B 型鬲、C 型鬲、Ab 型盆所取代，大口尊和 A 型豆的数量远比大口折肩尊、B 型浅盘豆要少，尤其是在属于第四期文化的大洋洲商墓中，A 型鬲、大口尊和 A 型豆一件也没有被发现。

如果我们把本群陶器与商文化做总体比较，炊器在商文化中以甑、甗较盛行，但在吴城文化中却少见，取而代之的是甗形器。盛贮器在商文化中，壶、瓶、罍、大口尊多见，但在吴城文化中却少见，取而代之的是折肩尊、小口折肩罐和折肩瓮。食器在商文化中，盘、簋多见，但在吴城文化中却少见。酒器在商文化中，觚、爵、斝多见，但在吴城文化中却少见。这正是吴城文化陶器群与商文化之间的区别所在，表明商文化对吴城文化的影响是有限的。

C 群器物主要是红陶大口缸（图三〇），盘龙城中盛行的侈口斜腹大口缸和直口斜腹大口缸均有出土，其祖型在江汉平原，是那里的典型陶器[85]，在相当于二里头文化第二期的盘龙城一期文化中就有大量出土，一直使用至第七期文化，所以吴城文化中的大口缸当是从盘龙城传入。其实，赣江、鄱阳湖

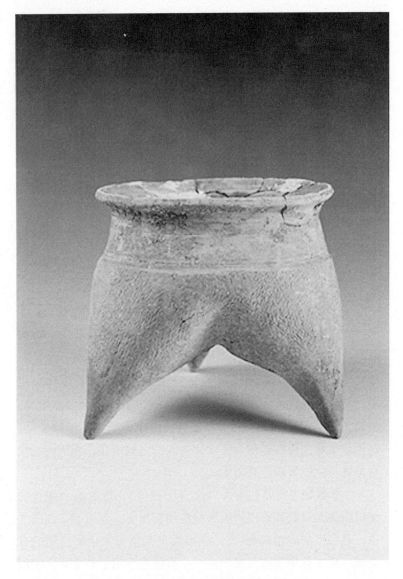

图二九 吴城文化 B 群陶器中的分裆袋足鬲

图三〇　吴城文化 C、D 群陶器中的红陶大口缸

地区与江汉地区的文化交流早在新石器时代就已开始，武汉市江夏区五里界镇潘柳村遗址出土石锛六件，其中常型锛与有段锛各三件。有段石锛是江西及东南地区新石器时代特有的器种，因此，发掘者也认为遗址中出现有段石锛是受江西新石器时代文化影响的结果[86]。

D群器物主要有鼎、釜、甗形器、长颈圜底罐、垂腹罐及球腹罐等，以圜底器或圜凹底为主要特征。本群器物的主要特点是陶器中硬陶所占比例较大，但原始瓷所占比例不大。陶色以褐灰为主，陶器纹饰以方格纹、席纹、凸方格纹和叶脉纹为主，纹饰装饰手段以拍印为主。无论何种纹饰，纹路都比A群、B群要深，图案凌乱，同时陶器轮制痕迹较为明显，大多数器物的沿部、领部或腹部，轮制所遗留下来的轮旋纹独具特色。本群器物在鄱阳湖以东的赣东北地区有着独立的发展过程和演变序列，是商时期鄱阳湖东岸地区万年文化的主要陶器，或认为是受其影响所致。我们认为此群陶器是赣江、鄱阳湖地区土著居民的陶器。甗形器最早见于樟树樊城堆新石器时代晚期，是赣江、鄱阳湖地区新石器时代以来的主要炊器，在商时期的吴城文化和万年文化中被普遍使用，一直延续到春秋时期，发展序列清楚，是该地区的典型陶器。

E群器物主要有凸棱座豆及带系罐、提梁罐和带把鼎等（图三一）。凸棱座豆最早见于浙江遂昌好川墓地，广见于各期文化中，数量较多[87]，带系、带把、带鋬作风是宁镇地区陶器群的特色[88]。本群陶器带系、带把、带鋬作风明显，陶质、陶色、纹饰与D群大致相同，在吴城文化中，从三期开始出现，相对数量少，但在赣江、鄱阳湖以东的赣东北万年文化区则大量存在，应该是受与上述地区接壤的万年文化影响所致。

图三一　吴城文化 E 群陶器中的单把钵

以上五种文化因素共同构成了吴城文化的典型文化特征，A 群器物多次大量地在上述遗址或墓葬中共存，从一期至四期，器物的种类由少到多，纹饰由简单到复杂，制造技术由低级到高级，展示了该地区古代文化由低到高的发展历程。其他四群器物在全部陶器中所占的绝对数量不多，B 群器物只是在一、二期文化有一定的数量，从三期文化开始，数量明显减少且出现变异。

吴城文化的青铜器只在吴城、大洋洲、铜岭等少数遗址出土，绝大部分属于三、四期文化，以大洋洲出土最为集中，数量多、质量高，器类全。基于以上认识，吴城文化的青铜器大体可以分为如下两群：

A 群：地方型，主要包括樟树山前的虎耳、鸟耳扁足鼎，大洋洲中棱水库出土的八件鼎，大洋洲商墓中的柱足圆鼎、兽面纹锥足圆鼎、虎耳方鼎、虎耳扁足鼎、鸟耳扁足鼎、瓿形鼎、鬲鼎、立鹿四足瓿、联裆鬲、折肩鬲、假腹豆、假腹簋、瓒、方腹卣和三足提梁卣等四十六件容器，铙、镈二种乐器，大型宽翼镞、长脊窄翼镞、单翼镞、虎头曲内戈、銎内钺、方内钺、长骹矛、戣、短剑和匕首等兵器，犁、耒、耜、铚、锛和镰一类农具，双面神人头像、伏鸟双尾虎二件杂器，永修、宜丰出土的三件铙，以及吴城采集的长骹矛、凤首器盖等（图三二）。陈佩芬先生认为，大洋洲青铜容器大多数是按照晚商的器型设计的，仿造的纹饰也比较单调，主要是由粗线条雷纹形成的变形动物纹样，也有少量其他纹样[89]。她的这一认识是正确的，不过，吴城先民在仿造的过程中，也加入了自己的造型理念乃至宗教观念，对中原青铜文化进行了系统地消化吸收。比如用云雷纹作主纹构成的兽面纹、横人字纹与双线弦纹组合成的带状纹作边饰、圆圈纹与双线弦纹组合成的带状纹作边饰及高扉棱等独特的装饰纹样，还有鼎耳上的圆雕卧虎、立鸟、透雕虎形扁足，瓿耳上的圆雕立鹿，三件曲内戈内部虎头的造型，都别具一格。联裆鬲、折肩鬲、假腹豆则是模仿本地的陶器制作的，折肩鬲是小口折肩罐与鬲相结合的产物，肩以上部分去掉双耳是折肩罐的造型，肩以下是青铜三足瓿下半部分的造型，二者组合在一起便成了新的器种。

B群：包括都昌出土的三足瓿、遂川出土的卣、大洋洲出土的锥足鼎、柱足鼎、分裆袋足鬲、三足瓿、四羊罍、瓿、贯耳壶、箕形器、胄、各式直内戈、长条形带穿刀、短柄翘首刀以及吴城正塘山墓中出土的斝等（图三三）。其造型、纹饰均与中原青铜器相同，不排除它们是直接从中原传入的。比如，大洋洲有一件"丙"铭直内戈，造型与中原同类器完全相同，

图三二　吴城文化 A 群青铜器中的立鸟耳扁足鼎

图三三　吴城文化Ｂ群青铜器中的贯耳壶

"丙"是殷墟一个重要氏族，小屯 17 号墓中就曾出土过一件"丙"鼎[90]。

从上面的分析可以看出，A 群地方式青铜器数量最多，B 群数量很少，且能证明直接来自商文化区的更少。换句话说，所谓商式青铜器，实际上也就是吴城先民仿照商式青铜器制造出来的。二期文化开始出现铸造小件青铜工具的石范和相关青铜制品，三期文化开始出现少量青铜容器，四期文化开始出现泥范，青铜容器和乐器大量出土。由此可见，吴城文化接受了商文化青铜铸造技术，到晚商时期已经有了自己非常发达的青铜铸造工业。

吴城文化的陶器群和青铜器群所呈现的文化特征表明，吴城青铜文化具有自成一系的鲜明特色，与中原商文化之间也存在明显的差异。大洋洲出土青铜容器五十九件，酒器仅八件，酒器仅占 13.5%，以方鼎、圆鼎、鬲、甗为中心的重食组合是吴城文化青铜器最为突出的特色，但并不见中原常见的以觚、爵为中心的重酒组合[91]。吴城文化墓葬中不见中原商墓中常见的觚、爵，就是在生活区中也没有这类器物出土，表明吴城文化的下层民众也没有受到殷人酒政的影响。从已发现的三十二座吴城文化小墓可知，鬲、罐二种器物是最为基本的组合，有陶器随葬的墓中，必定出土这二种陶器，鼎、豆、盆、瓮等其他陶器，只能与它们配套使用，一般不会单独出现[92]。

青铜礼器中以扁足鼎为主是大洋洲青铜器群的一大特色。大洋洲的鼎数量多，造型多变，装饰丰富，有方鼎、圆鼎、鬲鼎、瓿形鼎，有锥足鼎、柱足鼎、虎形扁足鼎、鱼形扁足鼎及夔形扁足鼎。在四十八件容器中鼎就有三十件，三十件鼎中，扁足鼎有十四件，还有二件卧虎耳兽面纹大方鼎、七件卧虎耳虎形扁足鼎和二件立鸟耳扁足鼎，这在同时期的商代遗址中是极其罕见的。在中原地区，方鼎是礼制的核心，扁足鼎比较少见，殷墟二期以后更少。杨宝成先生认为，在整个商代和西周前期，能使用方鼎的人多属身份较高的贵族，国王使用大型方鼎，方国国君使用中型方鼎[93]。大洋洲出土了包括二件大型方鼎在内的六件方鼎，是商代和西周前期同一埋藏单位内出土方鼎数量最多的地点，比妇好墓还要多，似乎方鼎在这里的意义与中原有所不同。这说明吴城文化在接受中原青铜器和相关礼制的时候，只是在形式上加以模仿，对其内涵却不一定全盘接受，而是有所保留和有所选择的，是不失主体的一种文化交流，其地方特色始终占据着主导地位。这应该是我们客观认识和正确评价吴城文化与中原商文化相互交流影响的关键所在。

吴城文化目前分布的南限在新余市渝水区境内，西南抵万载县，东达东乡县与余江县交界处，北在长江南岸，它的分布地域主要是在赣江中、下游，鄱阳湖西岸和赣北一带[94]。目前已经在这一范围内发现了二百多处文化遗存，它们在总体文化面貌上具有很大的共同性，应该属于同一种考古学文化，即吴城文化。但是，它们之间也存在一定的地域差别，而这些差别不能不使我们考虑吴城文化中存在不同的地方类型。因此，在吴城文化已经确定的基础上，对其进行不同类型的划分和研究就显得极为必要了。最早对吴城文化进行类型学研究的是宋新潮先生，他在《殷商文化区域研究》一书中提出将吴城文化分为吴城、神墩两个类型的构想，因限于篇幅和体例，未能充分展开论述[95]。

我们认为，依据陶器群的特征、分布地域及各地其他遗迹、遗物现象，结合自然环境，吴城文化似可暂划分为二个类型：即赣江下游、鄱阳湖西岸的石灰山类型[96]和赣江中游、袁水流域的吴城类型。石灰山类型与吴城类型之间，无论是陶质、陶色，还是装饰纹样、风格，器物组合等方面，不仅有出现时间的先后和存在时间的长短，而且还有各个阶段的差别变异。二者虽然都以泥质灰陶为主，并有少量的硬陶和原始瓷，但石灰山类型中存在一定数量的外挂黑衣陶，尤其是德安陈家墩遗址中，以外挂黑衣泥质灰陶为主[97]，而外挂黑衣泥质灰陶在吴城类型中极为少见，硬陶和原始瓷的数量也明显不如吴城类型多。在陶器装饰方面，吴城类型印纹规整，纹样丰富，至吴城四期文化，甚至出现三、四种不同的纹饰装饰在同一件器物上，相比之下，石灰山类型则显得简单、零乱。在日用陶器类别方面，吴城类型的器种远较石灰山类型丰富，即使是同一器种，也存在形制上的差别，主要表现在 A 群、B 群器物在整个陶器群中所占的比例上，石灰山类型由于地域上直接与商文化盘龙城类型隔江相望，因而 B 群器物的数量明显比吴城类型要多。吴城类型中，B 群器物数量相对要少，而且还有一部分并没有走完整个历程，在三期文化突然发生变异，与之相比，A 群器物自然要多。比如，虽然都以鬲和甗形器为炊器，但形制有较大的区别，石灰山类型中，一直流行 Aa 型殷式鬲。吴城类型中，从三期开始，鬲有了突变，新出联档鬲、瘪档鬲，殷式分档鬲也演变成颈、腹分明的 Ab 型直颈鬲。在折肩罐、折肩瓮、折肩尊这类折肩器方面，吴城类型也远比石灰山类型要发达。此外，吴城类型中出现了作为进入文明社会标志的城墙、成套青铜礼器、大型祭祀广场和文字，而石灰山类型至目前为止还没有发现城址，青铜器、文字也只有零星发现。种种迹象表明两个类型之间的上述差异是大同中的小异，是中心聚落与次级中心聚落间的差异，吴城遗址是赣江、鄱阳湖地区的中心城邑。

当然，因为在处于这两个文化类型交界地带的樟树市至德安县之间140多公里范围内目前已进行正式考古发掘的遗址很少，使我们无法确切地划出二者之间的分界线，这也将是今后田野考古工作中重点要解决的课题。

3.吴城文化的农业经济

农业是吴城先民社会经济的基础部门，也是构成当时社会经济的主体，更是人们衣食的主要来源。吴城文化是一支以经营农业为主的商代文化，吴城先民的农业生产技术已达到了相当发达的水平，在农业生产工具方面颇有创造，发明了一整套适合于南方水田稻作农业生产的农具，并在当时率先普遍使用青铜农具，对当时农业生产力的发展做出了重大贡献。

吴城文化诸遗址均有石质、陶质农具出土。据笔者初步统计，总数在二千件以上，种类繁多而又成套，制作精工而又富有地方特色。按质料来分，有铜、石、骨、木、陶五类，按器种来分，有起土、中耕、收割三类共十二种，石器选料考究，磨制精工，且绝大部分器表有使用过程中留下的擦痕。

（1）起土农具有犁铧、耒、耜、锸、铲、锛、镬七种（图三四）。

青铜犁铧的发明比石犁晚，大洋洲出土二件犁铧，三角形宽体式，两侧薄刃微弧，三角形銎，銎部正中有一穿对通，以系钉固定犁铧，两面饰三角形云纹。标本342长10.7厘米，肩阔13.7厘米，銎高1.9厘米，两刃夹角65°，犁面与犁背夹角10°。标本343长9.7厘米，肩阔2.7厘米，銎高1.6厘米，两刃夹角65°，犁面与犁背夹角10°[98]。这种犁与新石器时代

图三四　吴城文化起土青铜农具中的方銎铲

晚期以来江南地区流行的三角形石质破土器相类似，它的出土，说明过去人们把三角形石质破土器推定为石犁的推论是正确的[99]。大洋洲青铜犁铧是目前所见年代最早的青铜犁铧，李学勤先生还据此推定 1973 年山东济南拣选出的一件青铜犁铧是商代遗物[100]。

陈文华先生认为，大洋洲青铜犁铧，虽然没有与之伴出的犁架，仍不明其具体结构，但从其形制观察，已知它和后世的铁犁铧相近，因此推测其犁架结构应和汉画像砖的框形犁相似，早已摆脱了石犁的原始状态。尽管目前还无法确定商代是否使用牛耕，但青铜犁的出现，为后世铁犁的使用开辟了道路，因而在我国农具史上占有重要地位[101]。据季署行先生研究，像新干出土的这种犁面与犁背夹角为 10° 的犁铧，在南方水稻田中耕作时，所需牵引力仅为 2.6－7.8 公斤[102]，在一个人的正常拉力范围内。也就是说，这种犁的出土，并不能说明当时已产生了牛耕，只能作为产生了犁耕的证据，而且这种犁耕也是很原始的。因为它还没有与之配套的犁壁，只能松土、破土，不能翻土，不能有效提高精耕细作的程度，因而还不是严格意义上的犁耕。不过，这种犁的发明和使用，可以视为农具技术史上的一项重大革新，因为铲、耒、锛等农具对土壤的作用力是垂直力，利用杠杆原理将土翻起，而犁对土壤的作用力是水平力，其工作效率远比耒、铲要高。

大洋洲出土青铜耒一件。标本 346 背面无纹，椭圆銎，銎口有箍，双扁齿，其中一齿在使用中已残损约 1 厘米，通长12.7 厘米，齿距 8 厘米。中原地区的窖穴壁上常见木耒掘土时留下的痕迹[103]，但目前未见青铜耒，所以大洋洲出土的青铜耒是目前所见年代最早的。

　　大洋洲出土青铜耜一件。标本 347 青铜质，三角形宽体式，平面呈梯形，平肩，刃微弧，正面中部拱起，背面平齐，形成纯三角形銎，有一穿对通，正、背两面饰三角形云纹组成的简体兽面纹，长 11.5 厘米，肩阔 15.2 厘米，刃宽 9.1 厘米。这是目前所见年代最早的青铜耜，为我们正确认识这种农具提供了难得的实物资料。樟树吴城商代遗址出土一扇较为完整的石质耜范，标本 1975T8②：821 长 17.5 厘米，宽 13 厘米，柄长 4 厘米，灰白色粉砂岩质，身近梯形，微弧刃，中脊凸出，柄呈扁椭圆。近刃部一端一侧有浅凹槽，近柄端两侧也有斜形凹槽，形制与新干青铜耜完全一样，原报告称之为钺范，1989 年新干大洋洲青铜耜出土后，这一错误认识才得以纠正[104]。九江县神墩商周遗址商代水井中出土木耜一件，长 88 厘米，长直柄，前端呈方形[105]。这些实物的出土，说明耜这类农具在赣鄱地区有着比较广泛的使用。

　　《易·系辞》云："神农氏作，斫木为耜，揉木为耒。"东汉的许慎《说文解字·耒部》把耒、耜说成是同一种农具："耒，手耕曲木也。""耜，耒端木也。"这就造成了一定程度的混乱，后世注家多沿用其说。徐中舒先生在《耒耜考》一文中，力辨众谬，指出耒与耜为二种不同的农具，耒下歧头，耜下一刃，耒为仿效树枝式的农具，耜为仿效木棒式的农具[106]。这是很精辟的见解，与《管子·海王》"耕者必有一耒、一耜、一铫"的记载相印证，大洋洲所出青铜耒、耜以实物证明了这一推论的正确性。

　　大洋洲出土青铜锸二件，分两型。其一为方体锸（标本 345），正方形扁平体，圆角平刃，口薄，正面拱起，背面平齐，銎口正中一孔，长 13.1 厘米，肩宽 14 厘米，刃宽 11 厘米。这是湖北盘龙城二里岗期长方体锸到晚商 U 形锸之间的过渡形制。其二为 U 形锸（标本 344），平面呈 U 形，双肩稍耸，弧刃，正面拱起成弧形，背面平齐，銎口正中处饰云纹，长 11.5 厘米，肩阔 14.8 厘米，刃宽 11 厘米。大洋洲同时出土二种形制的青铜锸，说明锸这种农具在商代的吴城地区已有一定程度的使用，其形制在使用中得到了改进和发展。

吴城文化的铲有青铜、石、木三种质地。南昌市郊出土青铜方銎方肩铲一件，銎部饰一周凹弦纹，呈梯形，刃部宽于肩部，刃微弧，通长 6 厘米，刃宽 4 厘米[107]。大洋洲出土青铜方銎溜肩铲（标本 360）一件，溜肩方体，方銎，銎口有箍，銎直通铲体近刃部，刃微弧，略有残损，素面无纹，残长 14 厘米，刃宽 10 厘米，这是中原地区比较常见的铲式样，是中原地区比较流行的挖土工具。圆銎溜肩铲十件，铲体呈圆形，椭圆銎，銎口有箍，饰一周带纹，銎伸入铲体中部，平刃微弧。樟树筑卫城、吴城、樊城堆等吴城文化遗址中均有石铲出土，瑞昌铜岭商代矿井中还出土了五件木铲，长柄，铲身较短而窄，铲面平，刃部平齐或略有圆角[108]。

大洋洲出土青铜镢一件（标本 377），方銎长体，銎口有箍，双面饰横人字纹一周，銎长与体长相等，双斜肩，平刃，通长 14.8 厘米，肩阔 5.7 厘米，刃宽 2.6 厘米。它基本上具备了镢的主要特征：长身、窄刃，长宽之比约为 3∶1，侧视为等腹三角形（楔形），平口刃，顶中空，銎口长方形。

吴城文化的锛有青铜和石二种质地，吴城、大洋洲、都昌[109]、南昌[110]、瑞昌铜岭及德安石灰山等地出土青铜锛十八件，标本大洋洲 357 作长方体，断面为梯形，微束腰，宽刃，正面呈弧形，背面平直，正、背面近銎部饰简体兽面纹和蝉纹，长9厘米，刃宽3.5厘米。吴城、大洋洲、石灰山等吴城文化遗址中还出土过十余扇石质、泥质铸范，这足以说明青铜锛这种农具在吴城文化中已得到广泛使用。石锛是赣鄱地区新石器时代以来广为使用的一种农具，新石器时代至商周时期的遗址必定有石锛出土，是本区富有地方特色的器种，可以分为有段锛、无段弓背锛及凹刃锛等数种形体，其中以有段锛为主，凹刃锛也很有特色，目前除江西地区外，仅见于闽、粤两省的少数遗址中[111]。

（2）中耕锄草农具有铲和锄二种。

吴城文化的小型铲有青铜和石二种质地，石铲在各遗址中均有出土。大洋洲出土青铜兽面纹铲一件（标本359），椭圆銎，銎部饰双目纹组成的简体兽面纹，溜肩平刃，铲面近方形，通长17.8厘米，刃宽13.4厘米。彭明瀚认为，这种铲体

图三五 吴城文化收割农具青铜铚

薄质轻，不宜作起土工具，可能也是一种中耕除草农具。

德安石灰山出土石锄一件，呈上窄下宽的扁平梯形，宽弧双面刃，长 13 厘米，刃宽 8 厘米。

(3) 收割工具有镰、铚（图三五）和刀三种。

吴城文化的镰有青铜、石及陶三种质地。青铜镰是商代新出现的一种农具，大洋洲出土青铜镰五件，标本 371 薄体平刃，前锋下勾，近内端有一圆穿，正面近背部有脊，背面无纹，刃部有明显的使用痕迹。

赣江、鄱阳湖地区新石器时代晚期的遗址中一般都有石镰出土，樟树筑卫城、吴城等吴城文化遗址也时有出土，大致可分为长条形和新月形二种，有双面刃、单面刃之别，多数为青石质，打磨光滑，微胡，中部起脊。

吴城遗址第六次发掘时出土陶镰二件，模制，形体与石镰相近[112]。模制陶镰的出现值得注意，因为模制的目的在于批量生产，虽然仅仅发现二件，但在当时可能比较流行，是当地广为使用的一种收割工具。

大洋洲出土青铜铚一件（标本 376），长方体，素面，体甚薄，两边直，刃微弧，近背脊部有并排的长条形穿三个，脊部有明显的柄、把挟持痕迹。陈振中先生认为，铚的使用方法类同于现在的爪镰，即在铚体上铺垫几层编织物，再在双孔上穿上一个布制或皮制的套环。使用时，将右手姆指伸入套环，用左手握住禾穗，再由右手用铚的刃部把它割断[113]。

吴城文化穿孔刀有青铜、石、玉及陶等几种不同质地，并有长条形、马鞍形、长方形三种形制，另有一种青铜带柄长条形刀，可能是手工工具，不适宜作农具，可以排除在外。马鞍形刀与长方形刀一般说来是农具，大体说来，直刃的是农具，也可兼作切割用；凹刃的是专作农具用；凸刃的则作切割用。两侧有缺口和穿孔的，可能是在背部缠以皮革或绳索，系成套环，便于插入手指以增加使用的方便，它们主要是作农具用的[114]。饶惠元先生也持类似观点，认为马鞍形刀是收割农具[115]。

马鞍形陶刀一般是模制，肩宽大于刃宽，单面刃，器身中部近肩处有两圆穿，吴城文化各遗址均有出土，总数在二百件以上，是最有特色的一种收割农具。各期文化变化不大，有陶质的，也有印纹硬陶和原始瓷质的，有素面的，也有刻划或压印方格纹、圈点纹或叶脉纹等纹样的，其上刻划有文字的也不少。这些马鞍形陶刀大多数在出土时已在中部断成两截，表明它们非一般的装饰品，而应是实用的工具。从普遍穿孔需要固定缠紧在手指以及如此讲究坚硬来看，此类陶刀用来作为一种掐取稻穗的农业工具是完全可能的，使用时将穿于双孔的皮条或细绳套在中指和无名指上，弧背靠握在四指处，使刃朝向拇指和手腕处，拇指将禾穗拢在刀刃和拇指之间，再用力一握就能迅速地把禾穗掐断。

石刀在吴城文化各遗址中均有出土，可以分为马鞍形、长方形、半月形和梳形四种形制，马鞍形是最为常见的形制。吴城文化各遗址中均有此类刀出土，其中三期文化的刀为束腰。标本吴城1993HT：1砂岩质，残长3.5厘米，宽4.6厘米，厚0.4厘米，脊部弧度不大，单面刃，肩宽大于刃宽，器身有双孔，通体磨光[116]。

从吴城文化的农具观察整个农业生产过程，发现从耕作到收获农具配套齐全，包括开荒起土（犁、耒、耜、锸、铲、镢、锛）、中耕锄草（铲、锄）及收割（镰、铚）等农业生产全过程所必须的全套农具，每个劳动环节都有相适应的农具，分工细致，可以极大地提高劳动生产率、质量和粮食产量，这也是农具变革的最终目的。吴城文化的农具变化较大，特征显著，尤其是青铜犁、耒、耙、铚等还是首次出土，为我们研究这些农具的发展演变提供了难得的实物资料，在我国农具发展史上占有极为重要的位置。这些农具集中反映了当时人们对农业生产的重视和对农具改革的基本思想，集中体现了当时农业生产的具体过程和农业的发展水平。

吴城先民的主要农作物是水稻，同时也兼种葫芦、菱角、桑和麻等经济作物以满足他们生活多方面的需要。

据彭明瀚粗略统计，现已在修水县山背、萍乡市大安里及樟树市樊城堆等九处江西新石器时代遗址中发现了稻谷及稻秆遗迹，这表明新石器时代以来，江西地区就已形成了以水稻为主要作物的农业传统，商代吴城先民已普遍种植水稻是完全可以肯定的。九江县神墩商周遗址中出土了炭化的菱角和葫芦，德安县陈家墩遗址中出土了炭化的菱角，表明商代赣鄱地区已种植了葫芦和菱角二种经济作物。大洋洲出土青铜器中有相当一部分器表附有丝织物及其印痕，对其中的十六件进行抽样检测，表明全部为真丝平纹绢[117]，显示了相当成熟的丝织技术。它从一个侧面说明赣江、鄱阳湖地区有比较发达的蚕桑业。大洋洲出土的青铜器武器矛（标本 92、93）上附有固柲用的麻绳（图三六）[118]，表明当时在赣江、鄱阳湖地区已种植了麻。

4. 关于吴城文化是否大量使用青铜农具问题

目前，学术界基本同意商代已开始使用青铜农具的观点，只是在是否大量使用问题上存在分歧。一种意见认为殷周时期

图三六　大洋洲青铜矛上的麻绳

没有大量使用青铜农具，已出土的青铜农具多为统治者耤田用的礼器；另一种意见认为商代已普遍使用青铜农具，不能以出土物的多少作为否认青铜农具已大量使用的证据。

要正确认识商代是否大量使用青铜农具问题，必须考虑青铜农具的使用与其在某一区域内大量使用，青铜农具的大量使用与其在生产领域完全取代非金属农具等几个问题。青铜农具的使用与其在某一区域内大量使用问题，其实质就是青铜农具的使用在地域上的不平衡性问题。

从理论上讲，无论是从铸造技术、工艺水平还是实际需要出发，青铜时代只能是从青铜手工工具、农具和武器的铸造开始的，而且有了充足的农具把农业经济发展后才能说到高级的彝器制造工业。锻造青铜工具和农具是基础，而铸造高级的日用品或奢侈品是经济发展以后、文化艺术也发展了以后才产生的东西[119]。青铜农具的普及有两个基本前提条件，其一，必须有充裕的铜、锡资源以满足铸造青铜农具的需要，这是物质基础。由于地质构造上的原因，中原地区铜、锡资源比较缺乏，而这一地区又是贵族比较集中的地区，有限的铜料主要用于铸造礼器、兵器以满足贵族"祀与戎"的需要，因而中原地区不具备大量使用青铜农具的物质条件。商代的江南地区情况就不一样，这里是铜矿比较集中的地区，尤其是吴城地区，在当时已对瑞昌铜岭的铜矿进行了大量开采，有了高超的冶铸技术，使得这一地区在商代大量使用青铜农具有了物质技术保障。其二，社会生产需要的推动。中原地区土地肥沃，土壤中含有丰富的腐殖质，土质疏松，易于耕作，木、石、骨、蚌质农具也可以胜任，相对说来，对青铜农具的需求就不是那么强烈。江南地区"涂泥多草秽，而山出金锡，冶铸之业，田器尤多"[120]，耕作难度大，使用木、石、骨、蚌质农具，劳动生产效率就会比较低，人们为了获取更多的生活资料，自然会利用便利的铜矿资源来铸造青铜农具以提高生产率。也就是说，吴城地区已具备了大量使用青铜农具的物质技术条件，也有了社会生产需要的推动力。江西商周遗址多数有铸造青铜工具的石范出土，是"粤之无镈也，非无镈也，夫人而能为镈也"[121]的极好证明，郑注云："人人皆能作是器，不须置国公。"普通百姓都会铸造农具，无需国家设置专门机构来进行，这也可以从一个侧面折射出当时青铜农具被大量使用的史影。大洋洲出土的青铜农具种类繁多，包括开荒起土（犁、耒、耜、锸、铲、锛），中耕锄草（铲、锄）及收割（镰、铚）等农业生产全过程所必须的农具，青铜铲、锸还可分为二型或三型，说明青铜农具在社会生产需要的推动下得以改进。耒、铲等无装饰纹样的实用农具均在使用中被严重磨损，与之相反的是，半数以上的青铜农具装饰有几何纹和兽面纹，出土时器表往往有一层丝织物痕迹，应该是举行农业祭祀活动中使用的礼仪农具[122]。吴城文化多处遗址中均发现了相当数量的农具范，很可能是当时重要的青铜农具铸造地点[123]。这些发现以事实说明这一地区在商代确实已经大量使用了青铜农具。

　　青铜农具的使用首先表现在起土、松土领域，这是农业生产中最为艰苦的领域。青铜农具远比木、石、骨、蚌质农具锋利，它的使用必定大大提高垦荒的效率和人们征服自然的能力。在这一领域内青铜农具的使用，具有很重大的意义，而中耕锄草、收割等领域，相对说来对青铜农具的需求就不是那么强烈，这也正是大洋洲所出青铜农具中起土农具占绝大多数的原因所在。因此，我们不能因为商代吴城地区有石、骨、蚌质农具出土，就否认这一地区已大量使用青铜农具的历史事实。

我们在区分清楚上述问题之后，完全有理由相信商代吴城地区已大量使用青铜农具。新干大洋洲大批商代青铜农具的出土，尤其是耒、铲等农具均在使用中被严重磨损，更证明这一地区在商代确实已经大量使用了青铜农具。由于青铜农具的广泛使用，使得"虎方"在商代中后期迅速崛起于赣鄱地区，形成了以吴城为中心的强大的政治集团与中原商王朝相抗衡，同时也成为一支与中原王朝并行发展的南土青铜文明。但是，我们却不能由此推及全国，得出商代在全国范围内已大量使用青铜农具的论断，因为铜矿资源并不像铁矿那样丰富。在整个青铜时代，铜始终是贵重金属，只有在满足了"祀与戎"的需要之后，才有可能用于铸造农具。因而在青铜时代，青铜农具的使用和推广，受到铜矿资源的极大制约，铜矿资源在全国范围内分布的不平衡性决定了青铜农具使用情况的不平衡性[124]。南方出土青铜农具多于北方这种不平衡现象，一直持续到春秋战国时期。在铁制农具普及的战国时期，长江流域仍有一定数量的青铜农具在使用，形成罕见的铜、铁农具并用局面[125]。

5. 吴城文化的畜牧业

在吴城文化时代，由于农业经济的发展为人们开展家禽家畜饲养业提供了足够的粮食来源，使得家畜饲养业成为农业经济的重要补充，也成为人们获取肉食的主要来源。吴城文化各遗址出土的家畜骨骼和以家畜为母题的艺术品就是吴城先民具有发达的家禽家畜饲养业的极好物证。从已出土的考古材料看，吴城文化的家禽家畜品种主要有牛、羊、猪、鸡四种。

江西湖口县下钟山泛舟岩商周遗址中出土一件牛形陶塑，身长92厘米，高32厘米，腹宽25厘米，泥质红陶，牛背呈

暗灰色，有斑点，造型生动[126]。大洋洲商墓中出土一件青铜
镈（标本63），器身两面均饰浅浮雕牛首纹，双角粗大起节，
向上内收，弯曲度大，角尖锋利，臣字目，口部宽大（图三
七），是南方水牛的头部特征[127]。

　　江西樟树市三桥乡萧江支流上的樊城堆遗址新石器晚期地
层中出土了陶塑猪饰[128]。大洋洲商墓中也出土了若干猪
牙[129]，虽然未经鉴定是否为家猪牙齿，但考虑到家猪的驯养
有一万年的历史，家猪牙齿的可能性比较大。

　　大洋洲商墓中出土了一件青铜羊面具（标本69），浅浮
雕，扁薄体，双角向外卷曲。假腹簋（标本39）耳饰浅浮雕
状羊角兽面纹。四羊罍（标本73）肩部饰四个对称的浮雕羊
首，双角外卷，臣字目，粗鼻，下部左右二个螺旋纹圈，似鼻
孔，额部有凸脊（图三八）。乳钉纹虎耳大方鼎（标本8）四

图三七　大洋洲牛首纹镈

图三八 大洋洲青铜羊面饰

柱足上也饰有浅浮雕羊首纹[130]。上述青铜器造型生动，铸造精美，从一个侧面反映出南方养羊业的兴盛。

吴城先民畜养家鸡应该是比较易于理解的事，樟树营盘里遗址出土圆雕陶塑鸡二件，其中一件较为完整，体扁平空心，背部有三个镂孔，头昂起作张口叫鸡状，眼由小圆圈压成，腹平无腿，长6厘米，高3厘米[131]。

总之，吴城文化有着较为发达的农业和家禽家畜饲养业，畜牧业是与农业相结合的，是为农业服务的。一方面，畜牧业可以为农业生产提供畜力，另一方面，家畜产品又是农产品的补充，是人们肉食的主要来源。但是，饲养业在生产中只是占有一定的比重，不可与农业相比，在整个社会经济中仍处于从属地位。

6. 吴城文化青铜器铸造技术

商代处于我国青铜时代的鼎盛时期，青铜冶铸业是当时最先进的科学技术，是社会生产力发展水平的重要标志。吴城文化的先民在掌握先进采铜技术的同时，还具备了高超的冶铜、铸铜技术。

冶铜术的产生是一项极为复杂的技术成就和文化现象，它是青铜时代一项尖端的生产技术，这一发明在人类历史上有着划时代的意义。冶铜术的产生有三个物质技术条件，即铜矿石、还原气氛和能熔化铜的温度。江西所在的长江中、下游地区，从旧石器时代向新石器时代过渡时期，就有密集的史前聚落分布。如在江西万年县仙人洞、吊桶环遗址及湖南道县玉蟾岩遗址等处发现了距今一万年前的原始陶器，这也是迄今为止世界上最早的陶器，表明其制陶历史悠久。到新石器时代中、晚期，诸如距今七千年前浙江罗家角早期遗址中出土精美的白陶和五千年前良渚文化中漂亮的磨光黑皮陶器。至商代，制陶技术达到了十分成熟的水平，出现红陶、灰陶、黑陶、印纹硬陶和原始瓷，能烧制温度高达 1200℃ 以上的原始瓷，表明当时已经可以有效地控制陶窑内的气氛，具备了冶炼红铜、黄铜、锡青铜、铅青铜所必须的还原气氛和高温条件，为冶铜术的较早产生做好了准备。长江中、下游地区自古以来就以产铜著称，近几十年来湖南、湖北、江西、安徽等地发掘的一批重要的商周古铜矿遗址，证明沿长江中游一线的成矿带是中国铜矿资源最丰富的地区。江西瑞昌铜岭商周铜矿早在商代就已得到开采，且形成了较为完备的采矿技术，是世界上最早被开采的铜矿。这一地区丰富的铜矿资源为冶铜术的产生提供了必备的物质基础。江西既已具备产生冶铜术的各种技术条件，又有必备的物质基础，完全具备冶铜的基本要素，因此，这里虽然没有发现早期铜制品，但仍可视为中国冶铜术的最早发祥地之一。中原地区早在夏代就已产生较为进步的青铜铸造技术，考虑到江西吴城遗址出土的商代早期青铜器已显示出相当成熟的铸造技术，此前应有一个漫长的发展过程。再结合文献中关于"蚩尤受庐山之金而作五兵"的记载，这里在夏代产生青铜铸造技术也是完全可能的。吴城文化青铜器出土的地域广阔，数量众多，种类丰富。器物造型奇巧，纹饰瑰丽，装饰神秘。青铜冶铸业高度发达，反映出较高的生产力水平，它是吴城先民的伟大创造，是对中国青铜文明乃至人类文明的重大贡献。彭适凡先生认为，吴城文化有着古老的文化传统，其铜器制作工艺应是在它自身文化基础上发生、发展起来的[132]。

吴城文化的青铜器，目前做过合金成分测定的仅有少数几例，经对器物表面观察，可以将其明显分为两个系统。

其一为红铜系统。器物用纯铜铸造，不加锡和铅。红铜器质软，硬度不够，铸造时流动性差，易吸收气体，冷却时收缩率大，易导致铸造缺陷和疏松，往往表面粗糙，器壁厚薄不均，肉眼可见到大小不一的砂眼。这类器物系个体小、不需要铸造花纹的小件工具和武器，如刀、斧等。铜铙是南方特有的乐器，多数不加锡和铅。红铜器的出现早于青铜器，一般被认为是冶铸技术原始阶段的特征。在南方地区，红铜工艺是一种传统工艺，吴城先民掌握青铜铸造技术后，并没有放弃原有的技术传统，一直把它沿用至春秋时期，像新干大洋洲中棱水库出土的几件铜鼎，含铜量在96%以上，基本不含锡和铅[133]。彭适凡先生认为，通过部分铜器标本的测试，使我们知道，鄱阳湖——赣江流域的古代居民，直到西周中期还保留着用红铜铸器的原始工艺。而最迟从商代中期起，在中原铸铜技术影响下，人们已开始青铜器的铸造。只是由于本地区土著民族文化传统势力的存在使这种先进的青铜铸造技术没有能很快发展起来。因此，从冶金术方面来看，也可说明赣江流域吴城青铜文化根基的深厚[134]。大洋洲铜器群发现后，学者们已注意到，在商代吴城文化的居民已很好地掌握了青铜铸造技术，红铜器的存在应该不是技术上的原因，孙华先生认为，江西之所以有一批商周时期的红铜器，是因为当时在当地还没有开采铅和锡，这二种金属需要从外地进口，成为稀缺的资源，人们在无法获取的情况下，只好因陋就简，采用可以轻易获得的铜块铸造红铜器[135]。

其二为铜、锡、铅三元合金系统，即青铜系统。青铜质硬，具有熔点低、流动性好、气孔小等良好铸造性能。从红铜到青铜，是一次质的飞跃，是历史性的进步。属于此系统的器物主要是那些个体大，成型困难，而又需要铸造精美花纹的容器和对硬度要求高的兵器。像樟树三桥乡下横塘出土的一件扁足鼎，腹部含铜量为 71.52%[136]，与中原同类器物的含铜量基本接近，其中加入了适量的锡和铅。有人认为锡和铅是铜料中所含的杂质，不是有意加入的。但是，吴城所出铜片含铜量高达 99.13%[137]，含杂质很少，是极为纯净的铜，这表明吴城青铜器中的锡和铅并不是铜块中所含的杂质，而是有意识加入的。苏荣誉先生在用仪器观察了新干大洋洲所出青铜器后指出，新干铜器群的材质为高锡、铅三元合金，而且杂质极少[138]。

据彭适凡先生研究，在熔铜方面，吴城文化先民采用平地上挖坑立起一个半地穴式小型竖炉的办法来熔铜。吴城遗址历次发掘清理了七个与青铜冶铸有关的灰坑,这七处铸铜遗迹虽均似灰坑形状,但其包含物多与冶铸有关。如出土石范、陶铸件及大量的炭渣和红烧土块等。1974FT13H6 平面呈圆形,口径 2 米,深 0.4－0.6 米,坑壁笔直,坑底平整,坑西部稍高,东部稍低,由西向东倾斜,坑底部中心又有一个深 0.24 米直伸西南壁的扇形小坑。小坑底部有一层厚约 0.15 米的红烧土堆积,再往上是灰土与红烧土相间的堆积,最上部有一块厚 0.08 米的烧土壁附在圆形坑的壁上,在烧土壁中夹杂有青铜渣、木炭屑等物。坑内堆积分八层。第一层,红烧土块;第二层,黑灰土夹烧土块;第三层,红烧土;第四层,黄褐土夹烧土块;第五层,红烧土;第六层,红砂土层;第七层,黄褐砂土;第八层,红烧土块。坑内包含物较为丰富,出土生产工具有石刀、石凿、陶网坠、陶纺轮以及大量砺石、石范。所出陶片有泥质灰陶、泥质黄陶、泥质红陶和硬陶等,以泥质灰陶居多。从出土的陶片口沿残部观察,器物应多为鬲、豆、罐、盘、盆、缸及钵等,坑中出土有大批铸造青铜器的石范,还伴出有大量的炼铜渣、木炭和已炼出的铜块,这些迹象应与冶铸有关[139]。类似的熔铜炉在安阳殷墟苗圃北地铸铜作坊遗址也发现了五座,伴出木炭末和铜渣,有圆形和椭圆形二种,直径 1 米多,深度在 0.3－0.59 米之间,其做法是在平地上挖一个土坑,再在坑壁上平抹一层较厚的草泥[140]。

石范与陶范并用是吴城文化青铜铸造工艺技术方面的又一重要特色。彭适凡先生认为红铜与石范一般是密切相关的,大抵古代人们在发现红铜的初期,制作简易的工具或武器,是把烧软的铜块放在石头上敲打成型。后来在实践中发现,如果在石块上凿刻出一定的凹槽,再灌进铜液,就可以铸成器具,于是，石范应运而生。从铜器产生的历史来考察，最早使用的铸型应该是石范，石范铸造是青铜时代的初始阶段[141]。吴城古城内既发现了石范，也发现了泥范，石范多用于铸造工具和武器，泥范则用于铸造青铜容器。尤其值得注意的是，铸造容器时，有时用石质型芯。标本 1974ET13H6：51 为青砂岩质，表面因高温关系呈焦黑色，长方体，两端大小不一，磨琢圆润，系鼎腿的型芯[142]。

石范一般被认为是冶铸技术原始阶段的特征，但在吴城文化中，石范技术与泥范技术并存，当先进的泥范技术传入后，石范技术仍然遵循着自己的轨迹发展。石范与泥范相比，有耐高温、不易变形、取材方便、便于雕刻加工、浇注过程中容易散热及可反复使用等优点，对于铸造那些成型容易、工艺简单的工具、武器来说，还是比较适用的。正是因为有自身的这些优点，才使得它在中原泥范技术传入后仍能沿用到春秋战国时

图三九 大洋洲出土泥范

期，与本地区的青铜文化相始终，成为富有地方特色的冶铸工艺传统。

吴城文化已有了熟练的泥范技术，大洋洲商墓中曾出土一方泥质蝉纹铸范（图三九），高岭土质，呈灰白色。吴城文化的泥范青铜冶铸水平当以新干大洋洲青铜器群为代表。据苏荣誉、华觉明等先生的研究，该器物群的铸造工艺具有如下三个特点[143]：

一、所有青铜器都是用泥范块范法铸造成形的，与吴城遗址流行的石范工艺之间存在明显差别。比如，标本47号夹底方腹提梁卣（图四〇），卣盖、提梁和卣腹以及蛇形饰各自独立，分别铸造。蛇形饰一端销于盖而另一端挂于提梁的鼻上，提梁与卣腹的配合间隙十分窄小，当是卣腹铸造成形后，再使提梁成形的。因此，铸造提梁时既要与卣腹套接，又要与鼻铸接。卣腹浑铸成形。卣盖对开分型，盖面由二块面范和一块泥芯（底范与泥芯为一体）组成铸型。蛇形饰为片状，形状虽不规则，但易于对开分型，由相同的二块范组成铸型。提梁鼻也是由二块泥范组成的铸型。卣腹肩部的两环耳为开槽下芯法铸造成形，即在卣腹的相应泥范上开槽（或者翻制出槽），然后将泥芯放置在槽上，在浇注卣腹时环耳也就成形了。卣腹部沿四角分型，由四块侧范（其中二块范上安置有环耳芯）、一块腹芯、一块十字通道泥芯、一块夹底范和一块圈足芯组成铸型。圈足内有隔断形成双层底，因此，圈足泥芯应是由两段合成的。提梁两端兽头的双角高耸，侧边有纹饰，当系范作纹饰。龙首是对开分型，左右各一块范，在提梁上合拢，于提梁中央分为两段。提梁铸型由四块龙首范（并延长其中二范与底范组合），一块底范（自带龙首内芯）及在泥芯上穿孔形成与

图四〇　大洋洲青铜方腹卣

卣腹半圆形环耳套接的横担组成。纹饰均为模作。卣盖由口沿倒立浇注，蛇形饰和提梁鼻的浇注方式任意，腹由圈足底沿倒立浇注，提梁从正中央正立浇注。卣肩与提梁套接的挂环周围打破了纹饰结构，环下无纹饰，说明该挂环是用开槽下芯法铸造成形的。卣颈内见一条弦状凸起，当是对接泥芯的遗痕。这件卣铸造工艺十分复杂，是商代青铜工艺的杰出代表。尤其引人瞩目的是，大洋洲青铜器群中的工具和武器也是用泥范铸造成形的，遗存中还出土了一扇泥质锛范，这一工艺与用石范铸造的技术传统不同。

二、绝大多数容器采用分铸铸接法，即分别铸造附件和主体，再通过铸接使附件与主体结合。据研究，分铸铸接工艺在大洋洲青铜器群中相当普遍。以鼎为例，所有鼎耳端的附饰都是后铸成形的，而大多数扉棱则是先铸成形的，一些扁足鼎的足部也是分铸成形的。8号虎耳大方鼎是其代表，先铸鼎底，同时铸出与四足相应的铸接孔。鼎底为一平板铸件，对开分型，上下二块泥范组成铸型。次铸四壁，鼎壁沿四角分型，由四块侧范、一块底范和一块腹芯组成铸型。再在鼎底上铸四足，四足既叠压鼎底，又叠压四壁对鼎底的包边。四足皆对开分型，由二块侧范、一块足端范和一块足芯组成铸型，鼎足成形时实现与鼎底的铸接。最后把虎铸接在双耳上，虎由迎面一块范、虎身对开分型的左右各一块范与腹内芯组成铸型，虎成形时实现与鼎耳的铸接。

分铸铸接工艺的优点是使铸型简化，铸型结构相对简单，缺点是铸型数量增多，导致铸件整体性差，容易出现铸造缺陷。迄今对商代青铜鼎的铸造技术研究已经为数不少，除二里岗期大方鼎外，分铸铸接工艺相当少见，特别是扉棱分铸者极为罕见。由此可见，新干青铜器群的铸造工艺自有特色和传统。

三、大量使用铜芯撑。芯撑又叫"支垫"、"垫片"，是指铸造青铜器过程中，在组装合范时，为了固定内外范和控制器壁厚度，避免浇铸时因铜液的压力使内范偏位或外范错位而特别在内、外范之间适当位置放置的支撑材料。从青铜器表面观察，商代用作此种材料的有泥钉和铜片。铜芯撑的使用是青铜铸造工艺上的重大进步，它是中国三千多年前能铸造出华美青铜器的重要保证，它的起源尚待探讨。据周建勋先生研究，在中原地区，二里岗时期青铜器中铜芯撑的使用还比较少见，直至殷墟时期，仍然是使用泥芯撑，待器物浇注成形，去除泥范后，再对自带泥芯撑的孔洞进行补铸，只有个别器物上使用了铜芯撑。芯撑的使用数量很少，分布的规律性也不强。发展到西周早期，青铜器铸造工艺中不但大量使用了铜芯撑，而且排列的规律性也很强，成为两周青铜器的一个基本特征[144]。然而，大洋洲青铜器群中的容器普遍使用铜芯撑，且每一件器物上都使用了大量的芯撑。如 1 号柱足圆鼎，纹饰带下有三重铜芯撑，用来控制三块侧范与腹芯的间距，最上一重十五枚，排列均匀。鼎底每足跟部，各有二枚铜芯撑，排列较为规整。使用铜芯撑的最大好处是器物可以一次铸造成功，可以避免使用泥芯撑时对孔洞进行补铸的工序，是保证铸出完整的薄壁青铜容器的一项有效工艺措施。类似的工艺见于盘龙城器物群，据研究，盘龙城二里岗期青铜容器，同样比较普遍地使用了铜芯撑，是这一工艺的较早实例[145]。大洋洲青铜器群使用铜芯撑，可能是向盘龙城学习的结果。苏荣誉先生认为铜芯撑可能起源于中国南方某些地域，尔后这种工艺才传播到了中原地区，成为中原青铜器铸造中的一个关键工艺[146]。

吴城文化青铜器是在商文化的影响和启发下产生的。因而，在器物造型上，尤其是青铜容器、武器方面，多学习与模仿商式青铜器。当地工匠们在铸造青铜器时，大多以商式青铜器为蓝本。当然，在模仿的过程中，也加入了自己的民族文化传统和宗教信仰，逐步形成了自己的造型艺术特色，绝大多数器物比例匀称，协调美观，器形创新者比较多。主要表现在以下几个方面：

对中原青铜器略加改造，形成新器形。比如，在中原，青铜卣、瓿是酒器，多圈足器，大洋洲的二件圆腹卣（标本48、49）提梁、器盖、器腹的造型、装饰风格基本与商式青铜器相同，但它们没有圈足，而是加上了三个与器腹相联的空锥状足，这是中原地区圆腹卣与锥足鼎相结合产生的新器形。大洋洲的二件瓿形鼎（标本30、31）器腹与中原地区圆肩瓿的造型、装饰风格基本相同，但没有圈足，外加了三只半环状柱足，口沿上有二只半环状耳，是中原地区圆肩瓿与鼎相结合产生的新器形。上述二种器物功能也应随造型改变，可能由酒器变成了炊器，加三足的目的主要是便于直接架在火上炊煮。标本50带把觚是在二里岗期矮体觚上加上一个玉圭形柄而产生的新器形，因是孤例，定名上有分歧，或称为"青铜瓒"[147]，或称为"青铜斗"[148]。标本47提梁方腹卣将腹部改造成四通的十字形。标本13兽面纹双层底方鼎将腹部改造成假腹形，并在一面开设一个可以随意开启的小门。标本43假腹簋（或称为盘）模仿当地极为盛行的假腹豆将簋腹部改造成假腹形。标本38立鹿大瓹可能因器体太大，模仿四足方鼎，将通行的三足瓹改造成四足瓹。标本133勾戟是中原地区的长条形刀与

图四一　大洋洲青铜瓿形鼎

三角援戈相结合产生的新器形。这些器物改造后，形成了造型新颖的器种，前所未见，风格清新（图四一）。

模仿本地的陶器、木器、石器铸造青铜工具或武器。大洋洲的农具耒、耜、犁、铚、镬和瑞昌铜岭商周矿冶遗址出土的专门用于挖矿石的宽体厚壁式青铜锛，都是中原地区曾未出土过的新器形，模仿商式青铜器的可能性不大，可能是仿照当地其他质地同类器铸造的。标本42假腹豆是模仿吴城文化四期陶假腹豆的造型铸造的，也是目前所见唯一一件青铜假腹豆，引人注目。在中原地区，豆一般是陶器，青铜豆少见。青铜鬲在殷墟时期已很少见，大洋洲出土了五件鬲，其中的标本35分裆鬲，标本33、34联裆鬲和标本36折肩鬲都是模仿吴城文化的同类陶器制作的，标本36折肩鬲是模仿折肩罐与青铜甗下半部分鬲的造型设计的，风格独特。

乐器没有模仿商式青铜器，而是按照本民族的文化传统和宗教信仰进行创造。吴城文化的乐器有大洋洲、永修、宜丰出土的六件大铙和一件大镈，器体高大，装饰风格粗犷，与商式乐器小铜铃、小编铙不同。从考古发现资料来看，这类乐器以大洋洲的出土物时代最早，主要流行在湘、赣、浙、苏、鄂五省的长江以南地区，是后世的百越文化区。马承源先生认为，这类乐器具有南方的文化传统，是越族特有的乐器[149]。殷玮璋先生认为："在长江下游的江、浙等省和湖南的洞庭湖周围还存在二种形制近似但装饰纹样不同、形体与音量大小均有差异的铜钟，说明它们是不同地域内因人们的需要而被创造的中国古代乐钟体系中三个不同类型的早期甬钟。鉴于乐钟对乐音有着特定的要求，它在铸造技术方面比其他青铜器具生产的要求也更高，所以这些乐钟的发现，在一定程度上可以作为衡量各产地青铜业发展水平的标尺之一。长江中、下游地区出土的这些乐钟，反映了该地区的青铜文化在晚商至西周时期，其发展水平并不低于中原地区，这正说明长江中、下游地区和黄河流域一样，是古代中国文明起源的重要发源地。"[150]

大洋洲青铜器群中的绝大部分容器、乐器、艺术品和部分工具、武器，其器表都饰有花纹，且装饰手段多样，技法高超，以表现技法而言，有圆雕、浮雕、镂雕和线刻数种，以细线刻最为常见；以构图手法而言，有写实的造型、抽象的图案和介于二者之间的半写实作品。圆雕皆为动物造型，一般是以分铸法单独浇铸成形，然后用浑铸法附铸于鼎、甗双耳以及镈的舞部和双尾虎的背部。其纹样题材有卧虎、伏鸟和立鹿等，皆为十分写实的动物形象，造型生动，比例适当，一个个栩栩如生，惟妙惟肖。浮雕主要有四羊罍肩部的四个羊首，提梁卣提梁两端的兽首等。镂雕主要有扁足鼎的虎形扁足和鱼鳍状扁足，其构图介于写实和抽象之间，单独浇铸成形，然后与鼎腹铸接。

大洋洲青铜器群的装饰纹样非常丰富，据詹开逊先生研究，主要有兽面纹、夔纹、虎纹、鹿纹、羊首纹、牛首纹、鸟纹、龟纹、鱼纹、蝉纹、龙纹、蛇纹、人首纹、目纹、云雷纹、勾连纹、圆涡纹、圆圈纹、横人字纹、蕉叶纹和高扉棱等二十多种（图四二），而且每一种纹样又有许多不同的表现形式和构图，其中以兽面纹最为复杂多样[151]。大多数兽面纹为单层花，以云雷纹构成，没有地纹，与同期中原青铜器以云雷纹为地纹构成兽面纹的风格大异其趣。安金槐先生认为，大洋洲青铜器虽然形制和中原地区相当接近，但在铸造工艺和器表纹饰上，则有着明显地方特点。绝大多数的鼎耳上都加铸有铜

1

2

图四二　大洋洲青铜器的装饰纹样
1. 虎纹　2. 连珠纹与云纹

伏虎的装饰，铜扁足鼎的扁足纹样也采用虎形纹，说明虎的形象应是该地区的青铜铸造工艺中具有地方特征的重要标志之一。又如器表的饕餮纹中除鼻与目外，多衬饰云雷纹，这在郑州二里岗上层青铜容器中是少见的，从而也是该地区青铜器具有代表性的重要标志之一。江南地区的大量印纹陶、几何印纹硬陶和原始瓷器的器表所饰纹样中，云雷纹的数量也是相当多的。因而新干青铜器上云雷纹数量之多，应和印纹硬陶与原始瓷器上的云雷纹是一致的[152]。

虎纹被大量使用，装饰在容器、乐器、艺术品之上，其表现技法，既有十分写实的圆雕和线刻，如标本 68 号圆雕伏鸟双尾虎、九件卧虎耳鼎和标本 61 号箕形器柄部的线刻行虎纹；又有介于写实和抽象之间的镂雕，如九件扁足鼎的三足、三件虎头曲内戈的内部；还有十分图案化的抽象虎头兽面纹，如三件柱足圆鼎的足部。可以说，以虎纹为装饰母题是吴城文化青铜装饰艺术最为突出的特点，尤其是通长 53.5 厘米、高 25.5 厘米的圆雕伏鸟双尾虎，状类虎尊，腹底不联，不可能是实用器，而是一件神器。因而，虎纹的广泛使用，与当地的民族、文化传统和宗教信仰有关，或认为，吴城文化就是甲骨文中所记的"虎方"[153]。

要特别讨论的是所谓"燕尾纹"。这种长方形的纹样，前锋状若圭首，后尾分成双翼，形似燕尾，故名。它们往往成带状分布，作为辅助纹饰装饰在青铜器上，不见于同期其他地方的青铜器上，因而成为一种富有地方特色的青铜器装饰纹样。燕尾纹多装饰在鼎口沿和耳外侧、大钺的中央大口周围及短柄翘首刀背脊等处，一组组突起的燕尾纹首尾相衔串成一条纹带。如果单个地、孤立地看，突起的部分像所谓"燕尾纹"。

经细致观察我们发现，燕尾纹实质上是由两条阴线弦纹和阴刻横人字纹组成的复合纹带，所谓"燕尾纹"则是两个横人字纹之间的地子。因为若采用阴线刻方法，纹痕刻得很深，地子浮在上面，在视觉上容易错误地把地子作为主纹，如果我们观察拓片，就可以避免上述错觉。如标本 478 锋刃器和标本 97 短骹矛，刻纹采用阳线方式，地子被挖去，留下的就是一个个横人字纹。这种横人字纹带在大洋洲出土的陶器上也有发现，标本 569 原始瓷筒形器（图四三）在器口和下腹近底处各饰横人字纹带一周，阴线刻，纹痕浅，就不会出现地子浮在上面的视觉错误。关于横人字纹的起源，詹开逊先生有比较精到的描述："陶器、金属器的口部常在内侧或外侧凸起一周，形成加厚的匝圈，而竹、藤之类的编织物则往往以扁平的编织条在口沿斜向交叉，编织条在扣织部位就形成一个个横向的人字纹。"[154]有的学者认为青铜器的这种装饰纹样是东周以后出现的新纹样，甚至认为大洋洲饰有这种纹样的青铜器时代也在春秋时期[155]。我们认为，这种横人字纹并不是吴城文化中特有的纹样，在陶器上出现比较早，或称为编织纹、横人字纹，见于二里头文化二里头遗址[156]、东下冯遗址[157]一至四期陶器，多数饰在大口尊、折肩罐上。盘龙城的硬陶器上常见横人字纹，往往装饰在罐、尊类盛贮器腹部，如标本 PLWM3：15 长颈硬陶罐，腹部饰横人字纹与双线弦纹的组合纹带[158]。石门皂市商代遗址的陶器上，饰横人字纹与双线弦纹的组合纹带的装饰手法比较普遍，如 AI 式甗上腹部和 AII 式豆圈足[159]。三星堆 2 号祭祀坑出土的一件青铜鸡，尾部饰横人字纹与双线弦纹的组合纹带[160]。因此，饰横人字纹与双线弦纹组合纹带的器物时代不一定晚到东周。

图四三　横人字纹筒形器

7. 吴城文化原始瓷研究

商周时期的遗址中，出土一种比陶器先进、比瓷器原始的陶瓷产品。这类产品火候高，烧成温度在 1200℃ 左右，胎体坚硬，叩击之声音清脆，器表施有一层厚薄不均的玻璃质石灰釉，胎釉结合不好，釉层往往大面积脱落，不吸水或基本不吸水。物理性能基本接近于瓷器，只是原料处理和坯泥炼制欠精细，烧结的程度稍差，胎骨还不够致密，带有明显的原始性。但它们与同时期的软陶和硬陶相比，既降低了吸水率，又增加了器表的光洁度和观赏性，具有优良的实用性，是当时最为先进的一种陶瓷产品。安金槐先生认为，广义的说，只要具备以下几个特征，就可以算是瓷器：（一）胎骨是用高岭土作成的，有的胎骨也羼有石英或长石等粉末。（二）有光亮的釉。（三）质坚硬，火候高，叩之作金石声。（四）胎骨不吸水分。根据这些标准判断，郑州商代遗址中出土的瓷器，已完全具备了早期瓷器的特征[161]。冯先铭先生认为："商代开始出现釉，在烧成温度方面虽然与印纹硬陶没有显著变化，但它已不同于印纹硬陶，它的表面有了薄薄一层光亮面，具有瓷器的某些特征，但还不是瓷器。""在原料处理和坯泥炼制上还比较原始，尚不完全符合瓷器的定义，因此定名为釉陶。"[162]罗宏杰先生建议将以瓷石为原料制胎，并施有釉的商周时期的陶瓷产品称之为原始瓷；而与印纹硬陶胎体组成相同的那部分带釉器物（由富 Fe_2O_3 黏土配制而成）则应称为釉陶，以示二者之间的区别[163]。在考古学和古陶瓷研究中，釉陶是一个比较固定的概念，是指在用陶土作胎的陶器表面涂上铅釉，在低温中（即在 1000℃ 以下）烧制而成的带釉陶器[164]。吴城文化的釉陶器是一种带釉的高温硬陶器，烧成温度在 1150℃ 以上[165]，将它们称为釉陶是不妥的。其实，是否施釉、是否高温是陶器与瓷器相区别的两个不可或缺的重要指标，原始瓷器是在硬陶器烧制技术的基础上产生的[166]，人们有意识在陶器上施高温釉，这是制陶技术上一次质的飞跃，商周时期的高温带釉硬陶器都可称为原始瓷。随着考古发掘资料的不断丰富和物理化学等自然科学测试结果的不断验证，越来越多的研究者倾向于把商周时期的高温带釉陶器称为原始瓷器，而不再称之为釉陶，并且逐渐形成了这样一种共识："由陶发展到瓷，中间存在着一个发展和提高的阶段，商代到东汉的青釉器应称为原始瓷器，因为原始瓷无论在化学组成和物理性能上都已接近于瓷而不同于陶，所以对于这类器物就不能再称为釉陶。"[167]将吴城商代原始瓷器标本放到比原来烧成温度更高的1300℃的高温中焙烧后，发现胎骨更白，莫来石结晶发育良好，吸水率在0.5%以下，几和现代瓷无异[168]。吴城文化各遗址的考古报告或简报多采用釉陶和原始瓷器说，在统计陶片数量时也是分别统计。其实，真正做过科学测试的标本微乎其微，所谓釉陶和原始瓷器的说法，也只是根据目测，因此，我们主张将二者一并称为原始瓷器。

吴城文化各遗址及大多数中小墓葬中均有原始瓷器出土，其中以吴城遗址出土数量最多，品种最丰富，制作最精美。同时，吴城遗址也是当时全国商代遗址中出土原始瓷器数量最多的地点，被认为是当时原始瓷器的烧造中心[169]。

吴城文化的原始瓷应用广泛，包括生活器皿和生产工具等各个方面（图四四）。以吴城遗址为例，三期文化中均出土了原始瓷器，它在各期陶瓷器中所占的比例分别是 4.07%、5.08% 和 29.2%[170]，呈现出一个逐步发展进步的过程。原始

图四四 吴城遗址出土的原始瓷马鞍形刀

瓷器的器形、装饰纹样与同期印纹硬陶器形制完全一致，只是品种没有陶器那样多。第一期主要有折肩罐、折肩尊和钵等，第二、三期新出大口尊、折肩瓮、深腹盆、假腹豆、器盖等容器和马鞍形刀、纺轮、瓷垫等生产工具，使用范围由生活日用品扩大到生产工具。一、二、三期的原始瓷器除少数是在素面施釉外，多数是釉下为几何印纹，纹饰作风和同期的陶器纹饰作风完全吻合。第一期有方格纹、弦纹、圆圈纹、S形纹等，第二、三期的纹饰种类相对增多，以圈点纹、方格纹、水波纹、划纹、云雷纹及人字纹为常见。这些原始瓷器烧成温度约1150－1200℃，胎体呈灰白色或灰中微带黄，器外施釉不及底。豆、钵之类食器则内外兼施，釉面多数呈青黄色，少数呈深褐色[171]。

在商代，中原地区的盘龙城、郑州商城、垣曲商城、安阳殷墟等地，都有少量印纹陶和原始瓷器出土，既然江南是这类产品的烧造中心，那么中原地区同类产品的产地问题就不可回避。有些学者认为产自中原，而夏鼐先生却认为产于南方："殷墟文明的另一个特点是制陶业的发展。这主要表现在灰陶占绝对优势（占所采集的陶片的90％）。它替代红、褐、黑陶而成为主要陶系。这发展的另一表现是刻纹白陶的出现和原始瓷（Proto-porcelain）的烧造。最后一项当为长江下游地区的发明，然后传到安阳来而成为小屯陶器群的一个组成部分。"[172]我们认为，这一推论是正确的，这是因为：

第一，中原印纹硬陶和原始瓷器出土的数量极少，即使是商代后期作为商文化政治、经济、文化中心的安阳殷墟遗址，据李济先生对建国前殷墟遗址十五次发掘所得的约二十五万片陶片的统计结果，其中硬陶和原始瓷器只占总数的1.73％[173]。郑振香对1963年发掘的苗圃北地和小屯西北地二处遗址中典型单位出土的陶片进行了统计，硬陶和原始瓷器不到总数的1％[174]。与此相反，同时期的吴城遗址中，硬陶和原始瓷器在二、三期文化中分别占总数的26.89％、41.5％[175]，二者之间存在明显差别。

第二，中原印纹硬陶和原始瓷器的器种太单一，仅有尊、瓿、罐和豆等少数几个品种，其品种与出土的绝对数量还不如青铜器多，给我们的印象是，硬陶和原始瓷器是一种稀少的、珍贵的、只能为少数人所占有的物品，它们比青铜器还要贵重。在吴城文化中，印纹硬陶和原始瓷器的器种极为丰富，多达数十种，既有鬲、豆、盆、折肩瓮、折肩罐、长颈罐、折肩尊、釜、碗、盘、杯及器盖等生活日用品，又有纺轮、网坠、马鞍形刀、陶拍和陶垫等生产工具。而且中原印纹硬陶与原始瓷器的造型和装饰纹样也不同于当地的软陶，与南方的同类器有很大的相似性。

第三，从技术层面来看，中原目前所发现的商代升焰式竖穴窑，其窑室最高温度不可能超过 1000℃，与烧造硬陶和原始瓷器所必需的 1200℃之间有一定的差距，这种窑只能烧造灰陶、红陶或白陶，不能烧造硬陶和原始瓷器[176]，若要制原始瓷器，只有南方的龙窑可堪此任。这方面最为直接、有力的证据是，1984 年在浙江上虞县百官镇李家山的一处商代窑址中，共发现龙窑六座，窑床中出土的陶瓷片、硬陶和原始瓷器占总数的 87%，以实物证明龙窑是烧造硬陶和原始瓷器的窑床[177]。陈铁梅等人对商时期都城郑州二里岗以及江陵荆南寺、黄陂盘龙城、岳阳铜鼓山等五个遗址出土的商代原始瓷器标本进行微量元素检测，由于陶瓷中微量元素和痕量元素组成的结论与根据常量元素组成研究的结论相同，商代各遗址出土的原始瓷器很可能是由南方某地区生产的。又根据这些原始瓷与江西吴城陶器元素组成上的相似性，以及吴城原始瓷在当地总陶瓷中所占的高比例，所以吴城及其邻近地区可能是当时原始瓷器的生产中心[178]。

8. 吴城文化陶文研究

文字是传达和保存语言的一种书写符号，文字的起源和文字系统的形成过程是社会复杂化过程的另一个重要方面，也是文明产生的一个重要标志，占有极其重要的地位。不过，文字的发明和使用不是一朝一夕所能完成的，它的前身自然与符号有关，在文字产生之前，人们已用刻痕、结绳和珠串等办法来帮助记忆或传递信息以弥补有声语言的不足，但单个的符号缺乏记事的功能，还不能称其为文字。后来人们又发明了"图画文字"，用图画来表达某种意义，它兼有表形和表意的功能。到了文明时代，出现了综合运用表形、表意和表音等表达方法的文字，它可以记录复杂的语言，从此人类进入了真正有文字记录的历史。

商代的甲骨文是较为成熟的文字系统，在此之前者属于原始文字，多字排列组成句子是原始文字发展过程中的一项突出成就。因为句子能够传递完整的信息，比起只能表达简单意思的单个字来无疑是一个飞跃。吴城文化已有自己的文字系统[179]，从目前掌握的材料来看，金文极为少见，仅在属于四期文化的大洋洲青铜器上见到了二个个体——"朋"[180]和"丙"[181]（图四五），而发现刻划在陶瓷器、石器上的文字符号的遗址有吴城、陈家墩和大洋洲等（图四六）。其中以吴城遗址最为丰富，前后共发现八批共一百一十三件器物，包括文

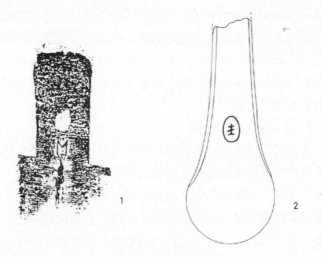

图四五　吴城文化金文
1."丙"铭戈　2."朋"铭斧币

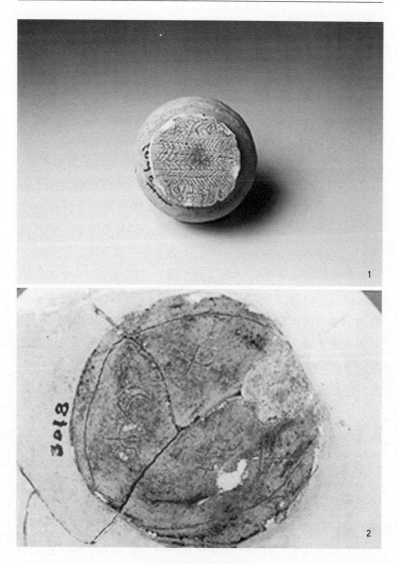

图四六　吴城文化陶文
1.黄陶盂外底上的五个字符　2.灰陶钵外底上的七个字符

字或符号一百六十多种，多数是单字，也有二、四、五、七、十二个字为辞句的，绝大多数属吴城文化三期，属二、四期的很少，属一期文化的还没有发现。有趣的是，多字成句的四件陶文标本均属二期文化，引起了许多学者的兴趣。唐兰先生认为其中的一件泥质黄陶罐（标本1974秋T7⑤：46）肩部所刻八个字和1974年坝基西区取土时采集的泥质灰陶钵底"入土妇田"四个字与甲骨文中的同类字相类，属于同一文字系统；另外二件与商周文字截然不同，很可能是另一种已经遗失了的古文字，"其中又有一些跟商周文字截然不同，尤其是一期（这里的一期是指吴城遗址第一期文化，即本书的第二期）遗物中，灰陶钵的七个字和黄陶盂的五个字更为突出，很可能是另一种已经遗失了的古文字。到二期、三期受殷商文化的影响比较深后，这种文字就不多见了"[182]。三期文化的陶文，多数为单个个体，有少数几个个体也属于唐兰先生所说的另一种文字系统，这些陶文大多数与偃师二里头和藁城台西的陶文形体完全相同。四期文化的陶文则全部与甲骨文中的同类字相类。吴城文化陶文中两个文字系统的存在和消长，说明夏末商初，中原文字传入此地，使这里的原始文化开始发生变化。至商代晚期，中原文字系统已在这里推广，为下层陶工所接受、熟知。

赵峰先生认为吴城文化的陶文都是属于象形文字系统，还试图对它们进行考释，不过，他在临摹时，对其中一些符号进行了改动以论证自己的观点，因而结论有失公允[183]。

吴城文化陶文有如下三个特点：其一，大多数陶文属于象形文字系统，如"目"、"镞"、"戈"、"田"、"土"、"刀"等，字形原始[184]，几乎是按照事物本体描绘的图形，既无附加，也无省简，与本物形体相同，保存了原始形状，代表了商代前期的文字。相当于二里岗期的商代前期陶文中，除吴城第二期文化外，仅见于藁城台西[185]和郑州二里岗[186]。其中以吴城遗址陶文多字成句者最多，表达意思最完整，仅在吴城1974秋T7一个5×5米的探方内，就出土了十四件带铭陶器，上面刻有文字三十四个，其中多字成句者三件，分别刻有五、七、十二个字，足见文字在吴城文化中的成熟程度。它们是早于甲骨文、金文的原始象形文字，并为第一期甲骨文所继承和吸收[187]。其二，所有陶文均系器物入窑烧制前用尖状物在陶胎上刻划或用专用模具压印成形的，"戈"、"五"二种徽号仅出现在A群陶器上，表明"戈氏"、"五氏"可能是吴城文化中两个主要的陶业世家，戈氏在吴城文化第四期还分化成若干支系[188]。其三，所有陶文字形工整，书法秀美，似乎出自同一人之手，可是，在文字发明之初，并不是人人会写字，识字是少数人的特权，表明它不是一般不识字的陶工所为。有可能在陶业世家中，有些居上层的识字者，他们掌握了文字知识，专门负责在陶器制作好后为需要者刻字。

9. 吴城文化水井研究

凿井术发明后，至商代，有了很大的进步，经正式发掘的商代大型遗址中均发现了水井，如郑州商城内发现水井七眼[189]，藁城台西遗址也发现水井二眼[190]。江西吴城文化诸遗址中共发现水井十二眼：吴城古城内三眼，陈家墩遗址五眼，石灰山遗址一眼，神墩遗址二眼，龙王岭遗址一眼，分属商代早、中、晚期。依其形制，大致可以分为以下三型：

A型，井口呈椭圆形，断面呈倒梯形，井壁光滑，未见工具挖凿痕迹和脚窝，井壁自上至下稍向里倾斜，往往至井底形制已发生变化，因而此型井又可分为三亚型：

Aa 型，井口呈椭圆形，井底呈圆形。神墩 1985J2 为吴城文化二期，井口为椭圆形，长径 93 厘米，短径 90 厘米，因井壁往里倾斜，至井底已成圆形，底径 80 厘米，深 835 厘米，距井口 650 厘米处开始发现经人工加工的木棍，距井口 740 厘米处发现用五块大鹅卵石压着的竹编织物，出土缸、罍、鬲、豆等陶器（图四七·1）。

Ab 型，井口为椭圆形，井底为方形。神墩 1985J2 属于吴城文化三期，井口长径 350 厘米，短径 330 厘米，井壁光滑，无脚窝，井壁往里倾斜，至距井口 220 厘米处井壁变直，呈正方形，边长 240 厘米，井壁四角有弧度。井底设方形二层台，边长 130 厘米，宽 20 厘米，台内空处呈锅底形，正中距台面 50 厘米，台面有用藤条或篾条绑扎的木棍框架，上置竹席、

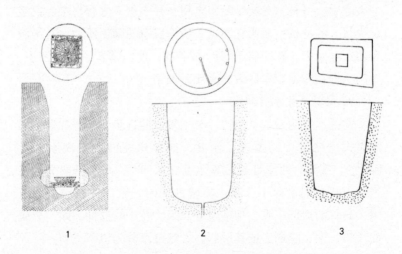

1   2   3

图四七　吴城文化水井结构示意图

1.椭圆形井　2.圆形井　3.方形井

竹筐。井内出土鬲、甗形器、盂、缸、鼎等陶器及木桶、石锛等。这种设二层台和木质井盘的水井在河南省藁城台西商代遗址内亦有发现，但不如吴城文化水井规整。

Ac 型，井口、井底均呈椭圆形，1986T18J2 为吴城文化三期，井口长径 108 厘米，短径 86 厘米，井底长径 52 厘米，短径 42 厘米，残深 28 厘米，井体打入生土。井内出土鬲、罐、盆、豆及瓮等陶器。

B 型，圆形直筒状，断面呈倒梯形，井壁笔直、光滑，未见工具挖凿痕迹，井底呈锅底形，个别井底有泉眼，以井底是否有泉眼又可以再分为二亚型：

Ba 型，有泉眼。陈家墩 1993J3 属吴城文化四期，现存口径 220 厘米，底径 184 厘米，深 700 厘米，井体下部深入红色风化砂岩层，底部砂岩层有滑落痕迹。井底有泉眼四个，一个较大的通过小沟与井底中部的大泉眼相连（图四七·2）。井底出土陶罐、木桶、竹筒、葫芦壳、鹿角等汲水、提升工具，发现大量竹编织物痕迹。

Bb 型，井底没有泉眼。陈家墩 1993J4 属吴城文化四期，现存口径 220 厘米，深 270 厘米，底径 140 厘米。井壁光滑、斜直，所见均系红色风化砂岩，井底未见泉眼。井内出土木觇标镞、木垂球、陶罐、木桶、竹筒等挖井、提水用具。

C 型，井口、井底均为方形，断面呈倒梯形，井底呈锅底形。此型水井目前仅在陈家墩遗址发现一眼。陈家墩 1993J5 属吴城文化四期，呈梯形，现存口径南壁 180 厘米，北壁 170 厘米，东壁 135 厘米，西壁 115 厘米，残深 240－270 厘米，井底南北壁 130 厘米，东壁 87 厘米，西壁 80 厘米，底中部有一个 40 厘米见方的小坑，井底四周向坑中倾斜（图四七·3）。

吴城先民的凿井术上值得一提的是发明了觇标墩和垂球，陈家墩遗址清理商代水井四口，井中出土掘井测量工具和各种汲水、提水器具一百余件，为解开先民挖掘水井、深井汲水之谜提供了有力的实物佐证。

木觇标墩一件。J4：11 系用一段有开杈的圆木制成。杈凹处向下，顶端锯成平面，修整光滑。顶平面居中位置上挖有 0.4 厘米大小的圆窝一个。墩面边沿修成圆弧形，侧视为多面体，墩底平面略呈连体三角形，墩高 15 厘米，平面径 15 厘米，底径 10.8－15 厘米。

木垂球二件。其中一件保存十分完好。J3：17 形似陀螺，以一段小圆木制成，上圆下尖，圆顶平面正中心有小圆孔一个，与尖端成一直线，垂球顶平面径 4.5 厘米，高 7.2 厘米。

陈家墩遗址三号、四号水井，是商代先民着意修造的，井内所遗留下来的木觇标墩和木垂球，正是当时挖井所用的定点定位测量工具。先民们为使所掘之井的井筒浑圆笔直，不致偏斜，在要开挖的井口定位后向下挖掘。掘进到一定深度以后，在井口架上支撑木架，用准绳系上木垂球，测准中心，使垂球下放。在井筒平面上移动木觇标墩，直至墩面准星与木垂球尖标定校准中心（应该说明，垂球自井口下放，位置是始终不变的），移开木觇标墩，开挖一段后，再用觇标墩标定校准中心，定出井圆周，将垂球和觇标墩配合使用，不断标定校准位置，使不致倾斜。然后依次下掘，直至泉眼，见到井内涌水、储水才罢（图四八）。用这一方法挖出的水井，井筒酷似上大下小的倒圆柱体，而且井壁垂直，光滑整洁。

陈家墩遗址三号、四号商代水井中测量工具的出土，使我们领略到三千多年以前南方商代先民们的聪明才智。这批测量

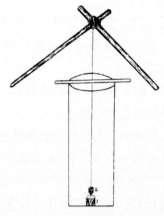

图四八　木觇标镦、木垂球使用示意图

工具是我国目前已知时代最早的实物，是中国考古学上的重大发现，为解开古代先民开挖深井之谜和开展我国测量学史的研究提供了十分珍贵的实物资料。

瑞昌铜岭商周矿冶遗址内发现了商代采矿竖井四十八眼，均呈方形，四壁平直，有用于防止土方塌落的木支护，这些竖井是新石器时代以来业已产生的挖井术在采矿业中的移植。发达的采矿业又在一定程度上推动了当地挖井术的改进，这也是吴城文化挖井术明显高于同时期其他地方的原因所在。

南方由于洪涝灾害、河流季节性涨水等原因会使水体浑浊或受到污染，以致不能直接饮用，所以早在新石器时代，原始先民就开始利用天然积水坑或人工开挖蓄水坑和水井的方法获取清洁卫生的生活用水。吴城文化所发现的商代水井均在遗址内，水井应该是为解决生活用水而开凿，说明吴城先民已懂得开发和利用地下水源，对饮用水水质有比较高的要求，主要表现在：

第一，商代的水井一般都比较深，直接打入生土层下面的风化岩层。岩石质地比土壤要细密得多，水从岩层中渗出，经过了一次过滤，水质就更加纯净，与新石器时期的渗水井相比，已经有了很大的进步。

第二，井底多见滤水设施，而且愈做愈讲究。如属于早商时期的龙王岭一号井和石灰山遗址一号井，都是在井底铺设一层片石或鹅卵石来过滤水。商代晚期的神墩遗址一号水井在井底设二层台，台上置用大、中、小号木棍构成的三层井字框架，再在上面铺上二层竹席，细席在下，粗席在上，竹席上放置比井底略小的圆竹筐，框内压石块，这样，水质经层层过滤，就比较纯净了，基本上达到了《周易·井卦》所说的"井冽寒泉，食"的饮用标准。

注　释

[1] 江西省文物考古研究所、瑞昌市博物馆《铜岭古铜矿遗址发现与研究》第 3 – 35 页，江西科技出版社 1997 年版。

[2] 彭适凡、刘诗中《瑞昌商周铜矿遗存与古扬越人》，《江西文物》1990 年第 3 期。

[3] 刘诗中《中国先秦铜矿开采方法研究》，《中原文物》1995 年第 4 期。

[4] 张天麟《矿产趣谈》，上海科学技术出版社 1987 年版。

[5] 同 [3]。

[6] 龙庆等《江西早商文化遗存的发现与研究》，《东南文化》1992 年第 3、4 期。

[7] 彭明瀚《铜与中原王朝南侵》，《江汉考古》1992 年第 2 期。彭明瀚《试论铜对商文化南传赣鄱流域的影响》，胡厚宣主编《夏商文明研究——1991 年洛阳"夏商文化国际研讨会"专辑》，中州古籍出版社 1995 年版。彭明瀚《试论商王朝对南土方国的战争》，《江汉考古》1996 年第 2 期。张永山《武丁南征与江南"铜路"》，《南方文物》1994 年第 1 期。后德俊《商王朝势力的南下与江南古铜矿》，《南方文物》1996 年第 1 期。

[8] 同 [7]。

[9] 刘诗中、卢本珊《铜岭古铜矿性质探讨》,《华夏考古》1997 年第 3 期。

[10] 彭子成等《赣鄂皖诸地古代矿料去向的初步研究》,《考古》1997 年第 7 期。
彭子成等《赣鄂皖地区商代青铜器和部分铜铅矿料来源的初探》,《自然科学史研究》1999 年第 3 期。

[11] 江西省文物考古研究所、新干县博物馆《江西新干大洋洲商墓发掘简报》,《文物》1991 年第 10 期。

[12] 彭适凡《长江流域古代青铜王国》,《中国文物报》1999 年 5 月 16 日。

[13] 刘翔、李再华《我国考古一项重大突破——江西新干发现大型商墓》,《中国文物报》1990 年 11 月 15 日。

[14] 李学勤《发现新干商墓的重大意义》,《中国文物报》1990 年 11 月 29 日。

[15] 安金槐《新干青铜器的重大发现、揭开江南商代考古新篇章》,《中国文物报》1990 年 12 月 6 日。

[16] 殷玮璋《南方考古的重大突破》,《中国文物报》1990 年 11 月 22 日。

[17] 高至喜《谈新干商墓出土铜器的重大意义》,《中国文物报》1990 年 12 月 6 日。

[18] 同 [11]。江西省文物考古研究所等《新干商代大墓》第 184 - 188 页,文物出版社 1997 年版。彭适凡《新干青铜器群研究中的几个问题》,《文物世界》2000 年第 1 期。

[19] 吴之邨:《三把伞得名考》,《南方文物》1994 年第 2 期。

[20] 唐嘉弘《关于江西大洋洲商周遗存性质的问题》,《中原文物》1994 年第 3 期。

[21] 李家和《江西商文化遗存的发现与研究——兼论大洋洲遗存之性质》,《中国商文化国际学术会议论文集》,中国大百科全书出版社 1998 年版。

[22] 彭明瀚《江西新干大洋洲商代遗存性质新探》,《中原文物》1994 年第 1 期。

[23] 同 [15]。

[24] 孙华《新干大洋洲大墓年代简论》,《南方文物》1992 年第 2 期。孙华《关于新干大洋洲大墓的几个问题》,《文物》1993 年第 7 期。

[25] 彭适凡、刘林《关于新干商墓年代的探讨》,《文物》1991 年第 10 期。

[26] 同 [14]。李学勤《新干大洋洲商墓的若干问题》,《文物》1991 年第 10 期。

[27] 邹衡《有关新干出土青铜器的几个问题》,《中国文物报》1990 年 12 月 6 日。收入《夏商周考古学论文集》(续集),科学出版社 1998 年版。

[28] 陈旭、李友谋《新干大洋洲商墓的年代和性质》,《南方文物》1994 年第 1

期。

[29] 杨宝成《试论新干大墓》，北京大学考古系编《迎接二十一世纪的中国考古学国际学术讨论会论文集》，科学出版社 1998 年版。

[30] 同 [21]。

[31] 高西省《论周原地区出土的几种异形青铜兵器——兼论新干大墓的年代》，《文博》1994 年第 1 期。高西省《初论江西新干大墓出土的三件镈》，《华夏考古》1998 年第 3 期。

[32] 林巳奈夫《新干大洋洲出土青铜器的年代刍议》，《南方文物》1994 年第 1 期。

[33] 马承源《吴越文化青铜器研究》，《吴越地区青铜研究论文集》，两木出版社 1997 年版。

[34] 贾峨《关于新干大墓几个问题的探讨》，《南方文物》1994 年第 1 期。

[35] 同 [26]。

[36] 徐心希《试论新干大洋洲青铜器群的族属及相关问题》，《南方文物》1994 年第 2 期。

[37] 邵鸿《江西大洋洲商墓主人族属蠡测》，《争鸣》1992 年第 6 期。

[38] 彭明瀚《商代赣境戈人考》，《南方文物》1996 年第 4 期。

[39] 袁进《吴城文化族属句吴说》，《南方文物》1993 年第 2 期。

[40] 彭明瀚《关于新干商墓虎形象的几个问题》，《南方文物》1993 年第 2 期。彭明瀚《商代虎方文化初探》，《中国史研究》1995 年第 3 期。

[41] 李昆《试论新干商墓的几个问题》，《南方文物》1994 年第 2 期。

[42] 黄石林《漫谈新干商墓》，《中国文物报》1990 年 11 月 29 日。

[43] 何介均《试论湖南出土商代青铜器及商文化向南方传播的几个问题》，《中国商文化国际学术会议论文集》，中国大百科全书出版社 1998 年版。

[44] 江西省博物馆等《江西清江吴城商代遗址发掘简报》，《文物》1975 年第 7 期。

[45] 江西省文物考古研究所等《江西德安石灰山商代遗址发掘简报》，《南方文物》，1998 年第 4 期。

[46] 陈聚兴《新干商代大墓玉器鉴定》，江西省考古研究所等编《新干商代大墓》附录一〇，文物出版社 1997 年版。

[47] 同 [27]。

[48] 同 [14]。

[49] 彭适凡《新干古玉》第 152－167 页，典藏杂志社 2003 年版。

[50] 上海市文物管理委员会编著《福泉山——新石器时代遗址发掘报告》第 139－140 页，文物出版社 2000 年版。

[51] 谢辉《对金沙遗址出土部分玉器的几点认识》，《四川文物》2003 年第 3 期。

[52] 杨建芳《略论有领环的起源、传播与用途》，《中国文物报》1994 年 1 月 9 日。

[53] 孙华《凸好郭器的渊源》，《中国文物报》1993 年 11 月 14 日。

[54] 苏荣誉等《新干商代大墓青铜器铸造工艺研究》，《新干商代大墓》附录九，文物出版社 1997 年版。

[55] 同［18］，第 192－203 页。

[56] 李健民《论新干商代大墓出土的青铜戈、矛及其相关问题》，《考古》2001 年第 5 期。

[57] 彭明瀚《江西新干商代青铜农具浅析——兼及商代是否大量使用青铜农具》，《中原文物》1995 年第 4 期。

[58] 邵鸿《新干大洋洲所出商代斧币考》，《南方文物》1995 年第 2 期。彭明瀚《商代青铜铸币蠡测》，《南方文物》1995 年第 2 期。

[59] 朱垂珂、何国良《江西瑞昌檀树嘴遗址试掘》，《南方文物》1994 年第 4 期。江西省文物考古研究所等《江西瑞昌市檀树嘴商周遗址发掘简报》，《考古》2000 年第 12 期。

[60] 江西省文物考古研究所等《九江县龙王岭遗址试掘》，《东南文化》1991 年第 6 期。

[61] 同［45］。

[62] 江西省文物考古研究所、德安县博物馆《江西德安县陈家墩遗址发掘简报》，《南方文物》1995 年第 2 期。江西省文物考古研究所、德安县博物馆《陈家墩遗址第二次发掘简报》，《南方文物》2000 年第 3 期。

[63] 江西省文物考古研究所、德安县博物馆《江西德安米粮铺遗址发掘简报》，《南方文物》1993 年第 2 期。

[64] 丘文彬等《江西德安、永修界牌岭商周遗址调查》，《南方文物》1993 年第 2 期。

[65] 江西省文物考古研究所、德安县博物馆《江西德安蚌壳山遗址发掘简报》，《南方文物》1994 年第 3 期。

[66] 同［64］。

[67] 江西省文物考古研究所、永修县文物管理所《永修县古文化遗址调查与试掘》，《江西文物》1991 年第 1 期。

[68] 江西省文物考古研究所等《江西新余陈家遗址发掘报告》,《南方文物》2003 年第 2 期。

[69] 江西省文物考古研究所、樟树市博物馆《樟树吴城遗址第七次发掘简报》,《文物》1993 年第 7 期。江西省文物考古研究所、樟树市博物馆《江西樟树吴城商代遗址第八次发掘简报》,《南方文物》1995 年第 1 期。江西省文物考古研究所等《江西樟树吴城商代遗址西城墙解剖的主要收获》,《南方文物》2003 年第 3 期。

[70] 同 [6]。

[71] 同 [6]。

[72] 中国社会科学院考古研究所等《偃师二里头——1959 - 1978 年考古发掘报告》图 206·4, 图 251·15, 图 204·5, 图 252·3, 中国大百科全书出版社 1999 年版。

[73] 唐昌朴《都昌出土商代铜甗》,《考古》1976 年第 4 期。江西省博物馆、清江县博物馆《近年江西出土的商代青铜器》,《文物》1977 年第 9 期。

[74] 梁德光《江西遂川出土一件商代铜卣》,《文物》1986 年第 5 期。

[75] 同 [73]。

[76] 胡绍仁《宜丰县出土商代铜铙》,《江西历史文物》1985 年第 1 期。

[77] 徐长青《江西永修发现商代青铜铙》,《南方文物》2002 年第 2 期。

[78] 原报告将墓葬年代定在西周,从墓葬出土文物来看,时代当定在吴城文化四期为好。参考:彭适凡、李玉林《江西新干县的西周墓葬》,《文物》1983 年第 6 期。彭适凡《赣鄱地区西周时期古文化的探索》,《文物》1990 年第 9 期。李朝远《江西新干中棱青铜器的新认识》,高崇文、安田喜宪主编《长江流域青铜文化研究》第 216 - 225 页,科学出版社 2002 年版。

[79] 薛尧《江西出土的几件青铜器》,《考古》1963 年第 8 期。

[80] 唐兰《关于江西吴城文化遗址与文字的初步探索》,《文物》1975 年第 7 期。

[81] 彭明瀚《吴城文化研究三十年》,《中国文物报》2003 年 12 月 26 日。

[82] 同 [27]。

[83] 中国社会科学院考古研究所实验室《放射性碳素测定年代报告 (六)》,《考古》1979 年第 1 期。北京大学历史系考古专业实验室《碳十四测定年代报告 (三)》,《文物》1979 年第 12 期。

[84] 中国社会科学院考古研究所实验室《新干商代大墓朽木碳十四年代测定》,江西省博物馆等编《新干商代大墓》附录二,第 238 页,文物出版社 1997 年版。中国科学院西安黄土与第四纪地质研究所《新干商代大墓木质样碳十

四年代测定》，江西省博物馆等编《新干商代大墓》附录三，第239页，文物出版社1997年版。北京大学加速器质谱实验室、第四纪年代测定实验室《新干商代大墓烟炱碳十四年代测定》，《新干商代大墓》附录四，第240页，文物出版社1997年版。

[85] 熊传新、郭胜斌《长江中游商时期大口缸的探讨》，《中国考古学会第七次年会论文集》，文物出版社1989年版。

[86] 武汉市博物馆、江夏区博物馆《1998年江夏区五里界镇潘柳村遗址发掘报告》，《江汉考古》2000年第3期。

[87] 浙江省文物考古研究所、遂昌县文物管理委员会《好川墓地》图一二六，图一六一·1，图二〇二·2，图二〇六·2，文物出版社2001年版。

[88] 张敏《宁镇地区青铜文化研究》，高崇文、安田喜宪主编《长江流域青铜文化研究》第248－297页，科学出版社2002年版。

[89] 陈佩芬《殷墟以外的商代晚期青铜器》，中国青铜器全集编辑委员会编《中国青铜器全集》卷四，商（四），文物出版社1998年版。

[90] 中国社会科学院考古研究所安阳工作队《安阳小屯村北的两座殷代墓》，《考古学报》1981年第4期。

[91] 彭适凡、彭明瀚《新干商墓与殷墟妇好墓的对比研究》，《南方文物》1992年第2期。

[92] 同［91］。

[93] 杨宝成《殷墟文化研究》第160－180页，武汉大学出版社2002年版。

[94] 李家和等《商殷文化与江西吴城类型文化》，《殷都学刊》1991年第1期。

[95] 宋新潮《殷商文化区域研究》第171－176页，陕西人民出版社1990年版。

[96] 在赣北地区，最早经正式考古发掘的遗址是德安石灰山遗址。该遗址现存面积大，地层堆积最为完好，遗物最为丰富，典型陶器演变规律清晰，按照考古学文化命名的一般原则，在这一地区发现的此类遗存均可命名为"石灰山类型"。相比之下，神墩遗址发现时间比石灰山晚，主要堆积为新石器时代晚期和西周时期，属商时期的仅有水井及少量残存地层，出土文物标本也很少，我们认为用该遗址来命名这一地区的吴城文化地方类型有失公允。

[97] 同［62］。

[98] 同［18］。

[99] 余振危、叶万松《试论我国犁耕农业的起源》，《农业考古》1981年第1期。

[100] 同［26］。

[101] 陈文华《农业考古》第64－66页，文物出版社2002年版。

[102] 季署行《"石犁"辨析》,《农业考古》1987 年第 2 期。

[103] 杨宝成《先秦时代的木制农具》,《农业考古》1989 年第 1 期。

[104] 同[44]。

[105] 江西省文物考古工作队、九江县文物管理所《九江神墩遗址发掘简报》,《江汉考古》1987 年第 4 期。

[106] 徐中舒《耒耜考》,《农业考古》1983 年第 1、2 期合刊,收入《徐中舒历史论文选集》,中华书局 1998 年版。

[107] 彭适凡《江西先秦农业考古概述》,《农业考古》1985 年第 2 期。

[108] 同[1],第 24 - 26 页。

[109] 同[73]

[110] 同[73]。

[111] 广东省博物馆、曲江县文化局石峡发掘小组《广东曲江石峡墓葬发掘简报》,《文物》1978 年第 7 期。

[112] 江西省文物考古工作队、清江县博物馆《清江吴城遗址第六次发掘的主要收获》,《江西历史文物》1987 年第 2 期。

[113] 陈振中《殷周的铚艾——兼论殷周大量使用青铜农具》,《农业考古》1981 年第 1 期。

[114] 安志敏《中国古代的石刀》,《考古学报》第 10 册,1955 年。

[115] 饶惠元《略论长方形有孔石刀》,《考古通讯》1958 年第 5 期。

[116] 同[69]。

[117] 沈筱凤、孙丽英《新干商代大墓青铜器附着织物鉴定报告》,《新干商代大墓》附录八,第 253 - 256 页,文物出版社 1997 年版。

[118] 同[18],图片二五·2、3。

[119] 唐兰《中国古代社会使用青铜农具问题的初步研究》,《故宫博物院院刊》总第 2 期。

[120]《周礼·考工记》。

[121] 同[120]。

[122] 同[57]。

[123] 同[57]。

[124] 同[57]。

[125] 禹斤《流布与组合——对建国以来所见古代金属农具的一个初步考察》,《农业考古》2003 年第 1 期。

[126] 杨赤宇《下钟山泛舟岩发现古文化遗址》,《江西历史文物》1983 年第 4

期。

[127] 同［18］，第 73 - 80 页。

[128] 江西省文物考古工作队、清江县博物馆《清江樊城堆遗址发掘简报》，《考古与文物》1989 年第 2 期。

[129] 同［18］，第 6 页。

[130] 同［18］，第 131 页，第 73 页，第 57 页，第 32 页。

[131] 江西省文物管理委员会《江西清江营盘里遗址发掘报告》，《考古》1962 年第 4 期。

[132] 彭适凡等《江西早期铜器冶铸技术的几个问题》，《中国考古学会第四次年会论文集》，文物出版社 1985 年版。后收入《江西先秦考古》（江西高校出版社 1992 年版）时做了部分修改。

[133] 同［132］。

[134] 同［132］。

[135] 孙华《商代长江中游地区考古的新认识——读〈新干商代大墓〉》，《南方文物》2000 年第 1 期。

[136] 同［132］。

[137] 同［132］。

[138] 苏荣誉《新干青铜器群的科学价值》，《中国文物报》1991 年 1 月 27 日。

[139] 同［132］。

[140] 中国社会科学院考古研究所《殷墟的发现与研究》第 87 页，文物出版社 1985 年。

[141] 同［132］。

[142] 同［132］。

[143] 苏荣誉、彭适凡《新干青铜器群技术文化属性研究——兼论中国青铜文化的统一性和独立性》，《南方文物》1994 年第 2 期。苏荣誉等《新干商代大墓青铜器铸造工艺研究》，《新干商代大墓》附录九，第 257 - 300 页，文物出版社 1997 年版。

[144] 同［143］。

[145] 胡家喜《盘龙城遗址青铜器铸造工艺探讨》，《盘龙城》附录七，第 576 - 598 页，文物出版社 2001 年版。张昌平《盘龙城商代青铜容器的初步考察》，《江汉考古》2003 年第 1 期。

[146] 同［143］。

[147] 彭适凡《江西新干商代青铜礼器的造型与装饰艺术》，《南方文物》1992 年

第 2 期。

[148] 朱凤瀚《中国古代青铜器》第 278 页，南开大学出版社 1995 年版。

[149] 马承源《新干青铜器参观随笔》，《中国文物报》1990 年 11 月 22 日。

[150] 同 [16]。

[151] 詹开逊《试论新干青铜器的装饰特点》，《考古》1995 年第 1 期。

[152] 同 [15]。

[153] 同 [40]。彭明瀚《枭阳新考》，《殷都学刊》2003 年第 2 期。

[154] 同 [151]。

[155] 马承源《新干大洋洲遗存的启示》，江西省博物馆、上海博物馆编《江西新干出土青铜艺术》，两木出版社 1994 年版。

[156] 同 [72]，图 124。

[157] 中国社会科学院考古研究所等《夏县东下冯》图二六，三九，八〇，一二二，文物出版社 1988 年版。

[158] 湖北省文物考古研究所《盘龙城》第 377 页，文物出版社 2001 年版。

[159] 湖南省文物考古研究所《湖南石门皂市商代遗存》，《考古学报》1992 年第 2 期。

[160] 四川省文物考古研究所《三星堆祭祀坑》图一八三，文物出版社 1999 年版。

[161] 安金槐《谈谈郑州商代瓷器的几个问题》，《文物》1960 年第 8、9 期。

[162] 冯先铭《我国陶瓷发展中的几个问题》，《文物》1973 年第 7 期。

[163] 罗宏杰、李家治《试论原始瓷器的定义》，《考古》1998 年第 7 期。

[164] 安金槐《河南原始瓷器的发现与研究》，《中原文物》1989 年第 3 期。

[165] 彭适凡、李科友《略论吴城商代原始瓷器》，《文物》1975 年第 7 期，后收入《江西先秦考古》，江西高校出版社 1992 年版。

[166] 上海市文物管理委员会《马桥——1993 - 1997 年发掘报告》第 396 - 397 页，上海书画出版社 2003 年版。

[167] 中国硅酸盐学会《中国古陶瓷论文集·前言》，文物出版社 1982 年版。

[168] 同 [165]。

[169] 陈铁梅等《中子活化分析对商时期原始瓷产地的研究》，《考古》1997 年第 7 期。陈铁梅等《商周时期原始瓷的中子活化分析及相关问题讨论》，《考古》2003 年第 7 期。

[170] 江西省博物馆《江西地区陶瓷器几何形拍印纹样综述》，《文物》1977 年第 9 期。

[171] 同 [165]。

[172] 夏鼐《中国文明的起源》第 91 页，文物出版社 1985 年版。

[173] 李济《安阳》第 82 页，中国社会科学出版社 1990 年版。

[174] 郑振香《论殷墟文化分期及其相关问题》，《中国考古学研究》第 116 页，文物出版社 1986 年版。

[175] 同 [170]。

[176] 廖根深《中原商代印纹陶、原始瓷烧造地区的探讨》，《考古》1993 年第 10 期。

[177] 浙江省文物考古研究所《浙江上虞县商代印纹陶窑址发掘简报》，《考古》1987 年第 11 期。

[178] 同 [169]。

[179] 同 [80]。赵峰《清江陶文及其所反映的殷代农业和祭祀》，《考古》1976 年第 4 期。

[180] 同 [58]。

[181] 大洋洲出土的二件带"丙"铭直内戈，我们认为是作为战利品从中原输入的，不是本地产品，参考彭适凡、彭明瀚《殷墟妇好墓与新干商墓比较研究》一文，《南方文物》1992 年第 2 期。

[182] 同 [80]。

[183] 同 [179]。

[184] 高明《商代陶文》，胡厚宣主编《殷墟博物苑苑刊》（创刊号），中国社会科学出版社 1989 年版。收入《高明论著选集》，科学出版社 2001 年版。彭明瀚《田字本义新释》，《考古与文物》1995 年第 1 期。

[185] 季云《藁城台西商代遗址发现的陶器文字》，《文物》1974 年第 8 期。河北省文物考古研究所《藁城台西商代遗址》第 176 - 177 页，文物出版社 1985 年版。

[186] 河南省文物考古研究所《郑州商城——1953 - 1985 年考古发掘报告》第 657 - 659、760 - 768 页，文物出版社 2001 年版。

[187] 同 [80]。

[188] 同 [38]。

[189] 宋国定《试论郑州商代水井的类型》，《郑州商城考古新发现与研究》，中州古籍出版社 1993 年版。

[190] 同 [185] 第 86 - 87 页。

四 吴城文化研究前瞻

　　吴城文化自发现至今，经过三十年来的研究，已有很多重要发现，积累了大量资料，在文化分期、文化属性等方面已经有了一个宏观的框架，取得了很重要的进展，今后的工作任务是如何在目前已经取得的丰硕成果基础上，把研究工作向前推进。我们注意到，它的研究深度与中原商文化、长江上游的三星堆文化及长江下游的湖熟文化等同时期考古学文化的研究相比，还存在一定差距，有些问题还需要继续深入探索。

（一）考古调查与发掘的加强

　　赣江、鄱阳湖流域吴城文化之前的夏代文化面貌如何？吴城文化之后的西周，情况又如何？吴城文化之前、吴城文化时期及吴城文化之后，文化怎样发展，文明化的线索似乎还是不太明了。也就是说，吴城文化的来源、发展脉络和去向等方面还存在明显的缺环，这是一项极为重要的基础性工作，需要通过科学而又细致的考古工作把这段缺环补上去。只有把它的系统梳理清楚了，才能从时间跨度、空间地域两个方面做进一步的探讨，研究工作才能深入。因此，弥补这一缺环，建立江西先秦考古学文化体系，是当前和今后一个时期内江西考古工作的迫切任务，也是江西考古研究工作中十分重要的课题，应予以足够的重视。这一系列问题的最后解决，需要进一步加强赣江、鄱阳湖地区考古调查与发掘的力度，并深化多学科综合研究的深度和广度。

吴城文化的考古调查工作存在明显的地区性不平衡。江西省最近的一次文物普查工作是在 1982－1984 年间进行的，发现属于吴城文化的遗址二百余处，这个数字初看起来十分可观，但认真思考一下，也不无问题。这些遗址多集中在赣江、鄱阳湖以西地区，其中仅樟树市就达四十八处之多，占全部遗址的四分之一，樟树市是全省开展文物工作比较早的县，尤其是吴城商代遗址的发掘，为当地培养了黄颐寿、李玉林、黄水根、李昆等一批优秀的文物干部，使得当地的文物普查工作做得相对扎实一些，因而他们一个县所发现的吴城文化遗址数竟占吴城文化全部遗址的四分之一。江西省有九十九个县（市），其中相当多一部分县（市）没有发现商代文化遗址，形成了大小不一的空白区，这说明我们的普查结果存在地区性不平衡，工作有的比较粗疏，有的比较细致，并不能全面反映商代江西的实际状况。在历次文物普查的基础上，各地考古专业人员进行了区域性的考古调查工作，在基本建设中有新发现，吴城文化遗址的数量不断被改写。我们仍以文物普查工作做得比较细致、扎实的樟树市为例，至 1992 年，吴城文化遗址数增加至六十一处，较 80 年代的四十八处净增十三处，增幅为 27%，说明各地仍有一些吴城文化遗址没有被发现，像新干大洋洲商墓、牛头城遗址等重要遗址也是文物普查后在当地生产建设中才被发现的。

与考古调查工作一样，吴城文化遗址发掘工作也存在发掘地域和规模的不平衡性问题。在已发现的二百余处吴城文化遗址中，经考古试掘或考古发掘的遗址仅有吴城、大洋洲、神墩等少数几个遗址，且多数仅发掘了一二百平方米。吴城遗址分布面积达 4 平方公里，古城面积 61.3 万平方米，而目前仅发掘了其中的 5363 平方米，占古城面积的 8.7‰，总的情况是小面积试掘的多，大面积揭露的少，这在一定程度上影响了对吴城文化诸问题的认识，使整个研究难以深入。如果我们能选择一二处保存较好的吴城文化典型遗址，有计划、有目的地大规模发掘一二万或三四万平方米甚至更大的面积，直至解决问题为止，这样我们对吴城文化诸问题的研究才会更加深入，成果才会更加丰富，才能真正复原吴城文化的历史图景。

（二）吴城文化渊源与去向的探索

江西地区的先秦考古发现极为不平衡，吴城文化的上限年代只是早商偏晚的二里岗下层晚段，更早的文化是什么？换句话来说，吴城文化的直接前身何在？这些问题目前还没有明确的答案。赣江、鄱阳湖地区新石器时代晚期龙山段的考古学文化是樊城堆文化，夏文化尚处于探索之中[1]，相当于夏时期的典型遗址还没有发现，遗物在广丰社山头遗址[2]、新余斜里遗址[3]和萍乡虹桥禁山下遗址[4]以及高安下陈、铅山、乐平等地有零星出土，以广丰社山头遗址第三期文化最为丰富[5]。社山头遗址出土的卷沿深腹盆和敞口深腹外饰凸棱平底盆与二里头三期文化的同类器相似，袋足束颈上昂流盉与洛阳煤李王湾类型的同类器相似；新余斜里遗址的平底瓠、直内石戈与二里头二期文化同类器较为接近；高安下陈遗址的白陶斝与二里头二期文化的同类器相似。此期的陶器普遍流行灰陶、黑衣陶、黑皮磨光陶等，亦见少量白陶、黄陶、硬陶和原始瓷器。器物表面装饰多采用拍印、压印、刻划和镂孔等手法，拍印技术相当发达，个别器物口沿内还施褐彩环带纹。流行的纹样有漩涡纹、曲折纹、重圈带点纹、圆圈纹、云雷纹、梯格纹和席纹等，其特征主要是印痕较深且粗犷，但有的部位出现重叠现象，单位组成由大块向中块演变。这类拍印雷纹、圆圈纹、重圈纹等也是二里头文化流行的装饰纹样。此外，这一时期在豆的圈足上还流行镂孔装饰或戳刺篾点纹等。陶器形制流行三足器和圈足器，少见圜底器和平底器，器型有鼎、鬲、盉、豆、壶、罐、釜、碗、盘、杯及器盖等。二里头文化因素在江西的出现，与当地夏人的传说基本一致。《水经·庐山水》说庐山有大禹刻石，系"昔禹治洪水至此，刻石记功"。慧远《庐山记略》说庐山"在寻阳南。……有匡俗先生者，出殷周之际，隐潜居其下"。《豫章旧志》云："匡俗字君平，夏禹之苗裔也。"

依目前所掌握的考古材料分析，江西樊城堆文化和吴城文化二者的空间分布大体重合，但它们之间的发展演变过程及方式尚不明了，夏时期的文化还是处于若明若暗的阶段，我们还没有找到一处典型的夏时期文化遗址。吴城文化与樊城堆文化之间有缺环，还不能衔接，两支考古学文化间的连接阶段——夏时期文化的面貌还需要进一步的发掘工作来完善。这一状况严重制约着我们正确界定吴城文化的文化性质。吴城文化遗物中有一群折肩圜底器，在本地新石器时代晚期的樊城堆文化中无迹可寻，从类型学角度看，似乎是二里头文化的因素。硬陶、铸铜石范也与二里头文化有关。如果我们关于吴城文化居民中有一群"戈"人的推论不误的话，很可能吴城文化居民中有一支属于夏民族，这样吴城文化中带有鲜明的中原文化因素就好理解了，或许它就不应该姓"商"，而是一支由夏遗民与当地土著居民共同创造的文化，那时关于吴城文化是中原商文化在南方的一个地方类型的论点就会不攻自破。

吴城文化之后的文化面貌也不太清楚，也就是说，吴城文化的发展去向还不是太明了。由于江西的考古遗址多数是西周时期的堆积直接叠压在新石器时期地层之上，目前还没有找到吴城文化与西周时期考古学文化之间的典型地层。从器形来看，吴城文化的主要陶器与西周时期诸考古遗址中的同类器物之间演变轨迹也不是太清晰，二者之间存在明显的缺环。吴城古城作为当时的政治、经济、文化中心，在吴城三期初突然废弃了，这个中心转移到哪里去了？发生这一转移的原因是什么？新干大洋洲和牛头城的发掘，似乎露出了一线曙光。近年在牛头城的调查与试掘结果表明，该城址呈不规则长方形，有内外二座城，内城东西最长 650 米、南北最宽 400 米，面积约 200000 平方米；外城东西最长 1100 米，南北最宽 600 米，周长约 2900 米，面积约 500000 平方米（图四九）。城墙建于商代晚期，西周时期是其兴盛期。周围 4 平方公里范围内，新石器时代晚期至西周的陶片随处可见[6]。那么，牛头城内、外城与大洋洲商墓的关系如何？与吴城的关系又如何？这些问题的解决都有赖于今后考古工作的继续实践与发展。

（三）吴城文化王陵与宗庙的寻找

吴城是一处城址面积 61.3 万平方米、分布面积达 4 平方公里的古城，从商代早期延用到商代晚期，时间长达数百年。虽然我们根据现有考古资料了解到古城内大致可以分为祭祀

图四九　新干牛头城南段城墙

区、制陶区、铸铜区和居住区等四个功能区，但各个时期城内
不同区域的功能如何，目前还不是太清楚。吴城作为当时的都
邑，必然会遗留下与其作为政治、经济、文化中心的王陵、大
型祭祀或宗教礼仪建筑遗存。大洋洲出土成批的玉器说明应该
有专业的玉器生产作坊；众多青铜容器与大型祭祀广场说明应
有大型宗庙的存在；浩大的筑城工程和宗教神权表明强有力的
社会集权集团的存在，应有大型的宫殿区和大型的陵墓区。但
目前仅发现了一个祭祀广场和一条通向祭祀广场、铺设考究的
道路，能与这一都邑地位相称的其他重要遗迹、遗物发现还不
够，青铜重器、礼仪玉器等礼仪性神器以及王陵、宗庙、大型
夯土台基等礼仪建筑遗存还没有找到，甚至是普通民居，也仅
发现了三座面积不到 5 平方米的小房基，墓葬也只发现了二十
三座小墓，相对集中的居住区和家族墓地还没有发现。这对于

一座延续了数百年的具有都邑性质的古城来说，实在是太不相称了。而这些恰恰对我们判定吴城文化的社会性质、政治结构等极为重要，都有赖于今后大量细致的田野考古工作来证实。

（四）吴城文化诸聚落间关系的研究

从某种意义上讲，考古学文化研究就是为了研究古代社会、复原古代社会的历史结构和组织形态，吴城文化研究的目的就是重建江西先秦史。因此，在大力开展吴城文化基础性研究的同时，运用聚落考古学的理论和方法来研究吴城文化就显得十分重要和迫切。

聚落考古对于吴城文化而言，目前首要的是尽可能搞清楚吴城文化诸遗址的分布状况，确认各遗址间的相互关系，这里包括时间关系和空间关系。吴城文化已发现的遗址有二百多处，它们的年代、性质及其与周围遗址间的关系还不是很清楚，当中应该存在不同等级、不同类型、不同规模的遗址。从聚落形态来看，吴城文化各遗址之间实际上存在着规模和等级的差别，存在着由中心、次级中心及其周围星罗棋布的一般聚落构成的网状分层结构，各聚落间不再是一种简单的对等关系，似乎已形成了具有政治、宗教统辖关系的"都、邑、聚"格局。在大聚落与小聚落、中心聚落与一般聚落、上级聚落与下级聚落之间，实际上存在着两种交叉关系，一种是血缘宗族内亲疏、长幼、主脉与支系的关系，一种是与前者对应的权力与义务、支配与依附的关系。上述三级聚落之间，既有文化面貌上的一致性，又存在规模与规格上的等次。吴城文化的繁盛时期，在它的控制区域内构筑了权力和财富分布的多级结构，形成吴城王国在各地进行统治的基础和支柱，从权力、财富、人口的集中程度来看，吴城是其最高中心。最高中心之下围绕着一批次级中心，如德安黄牛岭遗址等。在这些地点也集中了相当的权力和财富，而数量更多的普通聚落又分布于次级中心之间，如吴城古城周围就有六十七处商代遗址（图五〇）。吴城文化分布在赣江、鄱阳湖流域的广大地区，吴城毫无疑问可以作为吴城文化的中心聚落遗址对待，那么，次级中心在哪里？包括哪些？吴城与大洋洲商墓的关系如何？各遗址的分布规律又如何？各地发掘与研究工作的不平衡状况，制约了我们从文化整体的角度来把握这些问题，这一系列问题的解决，均需要我们不懈的探索。考古学文化研究的深入有赖于每一次考古学实践，过去三十年对吴城文化的认识就是从每一次考古学

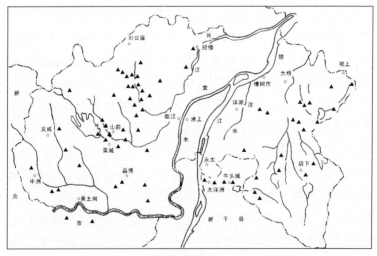

图五〇　吴城遗址周围商代遗址分布示意图

实践中产生和发展的。同样，要使吴城文化的研究更加深入，认识更加全面，必须在已有认识的基础上更加深入全面地开展田野考古调查和发掘，取得科学的第一手资料。

我们要进一步打开思路，拓宽研究视野，不能仅仅局限在吴城文化本身，不能就吴城文化谈吴城文化，而是要从微观到宏观，全方位地展开我们探索的目光，用各种可能的理论体系和技术方法去寻找历史的真实。一方面要将吴城文化放进赣江、鄱阳湖流域先秦文明进程的历史背景中去审视；另一方面，我们的研究要有一个宏观的视角，要把吴城文化放到长江流域古代文明进程中去审视。从整个长江流域来看，在距今五千到四千年这一阶段，文化发展最高峰是良渚文化，在距今四千多年到三千年左右，文化发展最高峰是石家河文化，在距今三千年左右这一阶段，文化发展的最高峰是三星堆文化和吴城文化。吴城文化又是商代文化的一个部分，因此我们要以吴城文化为基础，再结合赣江、鄱阳湖流域及四邻地区的青铜文化进行比较研究。既要充分考虑到商文化的南渐对整个长江流域商代文明进程的影响，也要研究当时长江流域与黄河流域之间文化的相互影响，更要研究吴城文化与当时周边各区系文化相互之间的交流与影响。在这样一个大的时空范围内归纳和认识吴城文化的基本特点及其源流，我们或许对吴城文化会有一些新的感悟和认识。

吴城文化的研究在商代考古学研究中具有极为重要的地位，吸引了几代考古学者为此而不懈努力。回顾吴城文化三十年来的发现与研究，我们可以看到，从当年发掘吴城遗址到今天对吴城文化各个层次材料的累积，对吴城文化的研究几乎一直走在江南商代考古的前列，但我们同时也感到所面临的问题和责任。十多年的考古实践，几乎与十多年来吴城文化的研究尤其是新干大洋洲器物群的研究热潮相伴，今后研究商代考古的年轻工作者应当尽心尽力为吴城文化研究的深入添砖加瓦，使吴城文化的研究向更高的层次发展，跨上更新的台阶。

（五）多学科研究方法的运用

汉代以前的江西历史，古代文献中无直接记载，因而依靠考古发现来重构江西古史就显得极为必要。吴城文化是江西古代文明研究中一个十分重要的课题，对探索江西古代文明诞生的历史进程具有关键作用。从吴城文化研究的现状与前瞻中可以看到，目前学术界对吴城文化还缺乏全面、系统地综合研究，由于研究方法和视角的不同，在分期与年代、文化内涵与类型及其文化性质等方面还存在明显分歧，各种不同的观点形成了百家争鸣的局面。之所以出现这种情况，原因是多方面的，但最主要的还是研究方法上的差异。因此，运用科学、合理的方法，对吴城文化进行整体考察，确立其年代序列，辨明其区系、类型，归纳其文化特征及寻找这一地区文明进程的规律，就显得极为必要了。

在考古学文化研究中，类型学、地层学和文化因素分析方法是最为有效、最为可行的方法。比如，吴城文化研究之所以在年代上有分歧，除受到典型遗址材料的限制外，更主要的是因为对赣江、鄱阳湖地区商时期的文化遗址缺乏区系、类型分析，对典型遗址的典型陶器缺乏系统的类型学分析。过去我们将赣江、鄱阳湖以西的万年类型作为吴城文化的一个地方类型，现在看来，万年类型与吴城文化之间存在较大的差别，并不属于同一种考古学文化。之所以在文化性质上有地方文化说和商文化类型说的分歧，主要是由于对吴城文化中所包含的诸种不同文化因素缺乏系统的文化因素分析，对商文化因素在其中所占的比重缺乏量的分析，影响了我们对吴城文化性质的正确认识。

在今后的吴城文化研究中，我们除了运用好社会科学领域多种研究方法之外，还必须加强现代科学技术的运用。在我国考古学史上有一个很好的传统，那就是注重自然科学技术的运用，现代考古学从一开始就与自然科学有着比较密切的关系，考古地层学、类型学就是借鉴地质地层学、生物分类学而形成的理论体系。随着自然科学的发展，科学技术的进步为考古学提供了越来越多行之有效的研究手段，使考古学方法论不断增添新的内容。比如，采用碳十四方法测定所获标本的绝对年代；采用化学成分分析方法测定所获标本的化学成分构成要素，测定陶器的产地、烧成温度；采用体质人类学方法对所获骨骼进行性别、年龄、种属、死因、病态研究；采用数理统计法、定量分析方法对某一文化器物群进行量化分析，找出各群器物由量变到质变的演化规律，从而确定其文化性质等等。

过去我们在吴城文化研究中，上述自然科学方法略有涉及，但应用很不够。在目前已发掘的十几处吴城文化遗址中，由于发掘者不太重视碳素标本的采集，或者因经费不足未采集，或者虽然采集了碳素标本而对测定不够重视，或者测定方法不当，进行过碳十四测定的遗址仅有吴城、大洋洲、神墩、铜岭古铜矿遗址等少数几个遗址，而且各个遗址中由于采样不够，相对误差比较大，在实际研究工作中，并不能真正起到确定遗址绝对年代的作用。这些情况在相当大的程度上影响了我们对吴城文化诸问题的深入研究。比如，关于大洋洲商墓的年代问题，多种说法并存，最早的早到二里岗上层，最晚的晚到春秋时期，前后差了将近一千年。如果发掘过程中采集了足够的碳素标本，进行了科学合理的测定，这种争论是可以避免的，由于发掘的主持者由于太过于小心谨慎，把这些标本分送到三个不同的实验室进行检测，使得所获数据误差太大，无法使用。要是当时把所获有限的标本送至一个享有盛誉的实验室进行检测，也许结果就不一样。其实，碳素标本在考古发掘工作中并不难采集，只要发掘者对其重视，肯定会采集到不少，如果吴城文化各重要遗址、各时期各文化类型遗址都有较多的碳十四年代数据，它们将会在我们的研究中产生更大的作用。再比如，在目前已发掘的十几处吴城文化遗址中，还没有一处遗址进行过植物孢粉测定，致使我们对当时赣江、鄱阳湖地区的气候状况、植被种属缺乏科学认识，这也不能不说是一个遗憾。

考古学是一门交叉学科，考古出土物涉及到古代社会生活的方方面面，如果我们仅仅靠考古学的地层学和类型学方法，就无法完成复原古代社会历史的任务，更无法全面揭示其文化面貌和内在规律。研究越是深入，多学科的合作就越显得重要。把社会科学和自然科学的相关学科同吴城文化的研究结合起来，可以开阔我们的视野，拓宽我们的研究领域，使吴城文化的研究进一步走向深入。

注 释

[1] 徐长青等《江西夏文化遗存的发现与研究》，《南方文物》1994 年第 2 期。

［2］江西省文物考古研究所等《江西广丰社山头遗址发掘》，《东南文化》1993年第4期。

［3］彭振声等《江西新余发现夏时期文化遗物》，《南方文物》1992年第3期。

［4］江西省文物考古研究所、萍乡市博物馆《江西萍乡市禁山下遗址的发掘》，《考古》2000年第12期。

［5］刘诗中、卢本珊《铜岭古铜矿性质探讨》，《铜岭古铜矿遗址发现与研究》，江西科学技术出版社1997年版。

［6］江西省文物考古研究所詹开逊研究员关于新干牛头城调查汇报材料。

参 考 文 献

历史文献

1. （明）毛子晋校刊《十三经疏》，《诗经》，（明）崇祯间汲古阁刊次印本。

2. （明）毛子晋校刊《十三经疏》，《尚书》，（明）崇祯间汲古阁刊次印本。

3. （明）毛子晋校刊《十三经疏》，《周礼》，（明）崇祯间汲古阁刊次印本。

4. （明）毛子晋校刊《十三经疏》，《礼记》，（明）崇祯间汲古阁刊次印本。

5. （明）毛子晋校刊《十三经疏》，《周易》，（明）崇祯间汲古阁刊次印本。

6. （明）毛子晋校刊《十三经疏》，《左传》，（明）崇祯间汲古阁刊次印本。

7. （明）毛子晋校刊《十三经疏》，《论语》，（明）崇祯间汲古阁刊次印本。

8. （明）毛子晋校刊《十三经疏》，《孟子》，（明）崇祯间汲古阁刊次印本。

9. （清）王谟《江西考古录》，（清）乾隆三十年版刻本。

10. （汉）刘昭著、（清）阮元校《释名疏证》，（清）嘉庆刊本。

11. 《清江县志》，（清）同治九年版。

12. （晋）郭璞著《山海经》，（清）光绪二十年版甲午金澹雅局重刊本。

13. （汉）许慎著、（清）段玉裁注《说文解字》，湖北崇文书局民国重刊本。

14. （汉）司马迁《史记》，中华书局 1959 年版。

15. （汉）班固《汉书》，中华书局 1962 年版。

16. （宋）范晔《后汉书》，中华书局 1965 年版。

17. 《老子》，上海古籍出版社影印光绪初浙江书局辑本 1985 年版。

18. 《墨子》，上海古籍出版社影印光绪初浙江书局辑本 1985 年版。

19. 《韩子》，上海古籍出版社影印光绪初浙江书局辑本 1985 年版。

20. 《荀子》，上海古籍出版社影印光绪初浙江书局辑本 1985 年版。

21. 《管子》，上海古籍出版社影印光绪初浙江书局辑本 1985 年版。

22. 《吕氏春秋》，上海古籍出版社影印光绪初浙江书局辑本 1985 年版。

23. 《淮南子》，上海古籍出版社影印光绪初浙江书局辑本 1985 年版。

24. 《国语》，上海书店影印明道本 1987 年版。

专　　著

25. 北京大学历史系考古教研室商周组编著《商周考古》，文物出版社 1979 年版。

26. 文物编辑委员会编《文物考古工作三十年版》，文物出版社 1980 年版。

27. （美）摩尔根《古代社会》，商务印书馆 1981 年版。

28. 郭沫若主编《甲骨文合集》，中华书局 1982 年版。

29. 宋兆麟等《中国原始社会史》，文物出版社 1983 年版。

30. 中国社会科学院考古研究所编《殷周金文集成》，中华书局 1984 年版。

31. 中国社会科学院考古研究所编《新中国的考古发现和研究》，文物出版社 1984 年版。

32. 河北省文物考古研究所《藁城台西商代遗址》，文物出版社 1985 年版。

33．中国社会科学院考古研究所《殷墟发掘报告》（1958－1961），文物出版社 1987 年版。

34．彭适凡《中国南方古代印纹陶》，文物出版社 1987 年版。

35．中国社会科学院考古研究所等《夏县东下冯》，文物出版社 1988 年版。

36．文物编辑委员会编《文物考古工作十年》（1979－1989），文物出版社 1990 年版。

37．宋新潮《殷商文化区域研究》，陕西人民出版社 1991 年版。

38．许怀林《江西史稿》，江西高校出版社 1993 年版。

39．常正光等《甲骨文金文字典》，巴蜀书社 1993 年版。

40．江西省博物馆等《长江中游青铜王国——江西新干出土青铜艺术》，两木出版社 1994 年版。

41．中国社会科学院考古研究所《殷墟的发现与研究》，文物出版社 1994 年版。

42．江西省文物考古研究所等《新干商代大墓》，文物出版社 1997 年版。

43．江西省文物考古研究所、瑞昌市博物馆《铜岭古铜矿遗址发现与研究》，江西科技出版社 1997 年版。

44．中国青铜器全集编辑委员会编《中国青铜器全集》，文物出版社 1998 年版。

45．邹衡《夏商周考古学论文集》（续集），科学出版社 1998 年版。

46．李伯谦《中国青铜文化结构体系研究》，科学出版社 1998 年版。

47．中国社会科学院考古研究所等《偃师二里头》，中国大百科全书出版社 1999 年版。

论　文

48．江博《我省首次发现商代古文化遗址》，《文物工作资料》（内刊）1974 年第 1 期。

49．《文物考古界座谈清江吴城商代遗址》，《文物工作资料》1974 年第 2 期。

50. 彭适凡、李家和《清江吴城商代遗址的调查与发掘》，《文物工作资料》1974 年第 2 期。

51. 江西省博物馆等《江西清江吴城商代遗址发掘简报》，《文物》1975 年第 7 期。

52. 彭适凡、李科友《略论吴城商代原始瓷器》，《文物》1975 年第 7 期。

53. 唐兰《关于江西吴城文化遗址与文字的初步探索》，《文物》1975 年第 7 期。

54. 许智范、李家和《吴城商代遗址新出土的陶器》，《文物工作资料》1976 年第 2 期。

55. 赵峰《清江陶文及其所反映的殷代农业和祭祀》，《考古》1976 年第 4 期。

56. 唐昌朴《都昌出土商代铜甗》，《考古》1976 年第 4 期。

57. 江西省博物馆等《清江筑卫城遗址发掘简报》，《考古》1976 年第 6 期。

58. 江西省博物馆、清江县博物馆《近年江西出土的商代青铜器》，《文物》1977 年第 9 期。

59. 江西省博物馆《江西地区陶瓷器几何形拍印纹样综述》，《文物》1977 年第 9 期。

60. 江西省博物馆、清江县博物馆《江西清江吴城商代遗址第四次发掘的主要收获》，《文物资料丛刊》第二辑，文物出版社 1978 年版。

61. 彭适凡《江西地区出土商周青铜器的分析与分期》，《中国考古学会第一次年会论文集》，文物出版社 1980 年版。

62. 李家和《从吴城遗址看江南的商代文化》，《江西师范学院学报》1980 年第 4 期。

63. 江西省清江县博物馆《吴城遗址新发现的青铜兵器》，《文物》1980 年第 8 期。

64. 李家和《吴城遗址文化分析》，《江西历史文物》（内刊）1980 年第 4 期。

65．彭适凡《江西商周青铜器铸造技术》，《科技史文集·冶金史专刊》第四辑，上海科技出版社 1981 年版。

66．李伯谦《试论吴城文化》，《文物集刊》第三辑，文物出版社 1981 年版。

67．商志醰《试论清江吴城遗址及其有关问题》，《文物集刊》第三辑，文物出版社 1981 年版。

68．许智范《吴城遗址的发掘与研究》，《江西历史文物》1981 年第 4 期。

69．彭适凡《吴城文化族属考辨》，《百越民族史论集》，中国社会科学出版社 1982 年版。

70．李玉林《吴城遗址文化命名的探讨》，《江西历史文物》1982 年第 1 期。

71．黄冬梅《清江出土的商周青铜器与中原青铜文化关系的探讨》，《江西历史文物》1982 年第 2 期。

72．李玉林《江南首次发现的吴城商代遗址》，《争鸣》1982 年第 3 期。

73．刘林、李家和《江西青铜文化》，《江西历史文物》1983 年第 3 期。

74．彭适凡《江西吴城青铜文化不是商文化的一支》，《江西社会科学》1983 年第 5 期。

75．彭适凡等《江西早期铜器冶铸技术的几个问题》，《中国考古学会第四次年会论文集》，文物出版社 1985 年版。

76．胡绍仁《宜丰县出土商代铜铙》，《江西历史文物》1985 年第 1 期。

77．梁德光《江西遂川出土一件商代铜卣》，《文物》1986 年第 5 期。

78．白坚、林中根《江西先秦考古几个问题的探讨》，《江西历史文物》1986 年第 2 期。

79．万载县博物馆《万载县商周遗址调查》，《江西历史文物》1986 年第 2 期。

80. 唐云明《台西与吴城》,《殷都学刊》1986 年第 2 期。

81. 彭适凡《江西先秦考古与研究概述》,《江西历史文物》1987 年第 1 期。

82. 李家和等《江西青铜文化类型综述》,《江西历史文物》1987 年第 1 期。

83. 李玉林《赣中先秦文化若干问题的探讨》,《江西历史文物》1987 年第 1 期。

84. 戴敬标《南方古代占卜初探——兼谈对吴城陶文的识辨》,《江西历史文物》1987 年第 1 期。

85. 江西省文物工作队《清江吴城遗址第六次发掘的主要收获》,《江西历史文物》1987 年第 2 期。

86. 刘诗中《吴城商代龙窑搬迁记述》,《江西历史文物》1987 年第 2 期。

87. 许智范《吴城遗址与江西商文化》,《江汉考古》1987 年第 3 期。

88. 江西省文物工作队、九江县文物管理所《九江神墩遗址发掘简报》,《江汉考古》1987 年第 4 期。

89. 李玉林《吴城商代龙窑》,《文物》1989 年第 1 期。

90. 白坚、源中根《说雀》,《江汉考古》1989 年第 1 期。

91. 贡同《江西瑞昌发现商周时期采铜遗址》,《江西文物》1989 年第 1 期。

92.《清江山前遗址调查简报》,《江西文物》1989 年第 1 期。

93. 李家和《江西省新干县牛头城遗址调查与试掘》,《东南文化》1989 年第 1 期。

94. 江西省文物考古研究所、安义县文物管理所《江西安义县两处古遗址调查》,《江西文物》1989 年第 3 期。

95. 李家和等《江西刻划文字符号与甲骨卜辞文字》,《中原文物》1989 年第 4 期。

96. 江西省文物考古研究所、德安县博物馆《德安石灰山商代遗址试掘》,《东南文化》1989 年第 4 期。

97. 彭适凡等《吴头楚尾地带古铜矿年代及其族属考》,《百越民族研究》, 江西教育出版社 1990 年版。

98. 李家和等《说雀》,《江汉考古》1990 年第 1 期。

99. 江西省文物考古研究所、瑞昌市博物馆《江西瑞昌铜岭商周矿冶遗址第一期发掘简报》,《江西文物》1990 年第 3 期。

100. 彭适凡、刘诗中《瑞昌商周铜矿遗存与古扬越人》,《江西文物》1990 年第 3 期。

101. 周卫健等《瑞昌铜岭古矿冶遗址的断代及其科学价值》,《江西文物》1990 年第 3 期。

102. 夏萍《江西新干发现大型商墓》,《江西文物》1990 年第 3 期。

103. 刘翔、李再华《我国考古一项重大突破——江西新干发现大型商墓》,《中国文物报》1990 年 11 月 15 日。

104. 马承源《新干青铜器参观随笔》,《中国文物报》1990 年 11 月 22 日。

105. 殷玮璋《南方考古的重大突破》,《中国文物报》1990 年 11 月 22 日。

106. 张长寿《记新干出土的商代青铜器》,《中国文物报》1990 年 11 月 27 日。

107. 李学勤《发现新干商墓的重大意义》,《中国文物报》1990 年 11 月 29 日。

108. 黄石林《漫谈新干商墓》,《中国文物报》1990 年 11 月 29 日。

109. 邹衡《有关新干出土青铜器的几个问题》,《中国文物报》1990 年 12 月 6 日。

110. 高至喜《谈新干商墓出土铜器的重大意义》,《中国文物报》1990 年 12 月 6 日。

111. 安金槐《新干青铜器的重大发现、揭开江南商代考古新篇章》,《中国文物报》1990 年 12 月 6 日。

112. 黄颐寿《江西吴城遗址原始青瓷的研究》,《中国文物报》1991 年 1 月 1 日。

113. 李缙云《谈新干商墓的玛瑙套环人形饰》,《中国文物报》1991年1月13日。

114. 张长寿《记新干出土的商代青铜器》,《中国文物报》1991年1月27日。

115. 苏荣誉《新干青铜器群的科学价值》,《中国文物报》1991年1月27日。

116. 余文《从新干商墓的青铜双面人神器谈起》,《中国文物报》1991年4月28日。

117. 李家和等《殷商文化与江西吴城类型文化》,《殷都学刊》1991年第1期。

118. 江西省文物考古研究所、永修县文物管理所《永修县古文化遗址调查与试掘》,《江西文物》1991年第2期。

119. 曹柯平《有关硬陶器的研究》,《江西文物》1991年第2期。

120. 江西省文物考古研究所、江西新干县博物馆《新干湖西、牛城遗址试掘与复查》,《江西文物》1991年第3期。

121. 江西省文物考古研究所等《九江龙王岭遗址试掘》,《东南文化》1991年第6期。

122. 彭适凡、刘林《关于新干商墓年代的探讨》,《文物》1991年第10期。

123. 彭适凡、刘林《谈新干商墓出土的神人兽面形玉饰》,《江西文物》1991年第3期。

124. 詹开逊、杨日新《试论江西新干大洋洲商代遗存的性质》,《江西文物》1991年第3期。

125. 罗泰《论江西新干大洋洲出土的青铜乐器》,《江西文物》1991年第3期。

126. 李玉林《吴城类型文化分析》,《东南文化》1991年第6期。

127. 江西省文物考古研究所、新干县博物馆《江西新干大洋洲商墓发掘简报》,《文物》1991年第10期。

128. 李学勤《新干大洋洲商墓的若干问题》,《文物》1991年第10

期。

129. 彭适凡《江西吴城青铜文化的再探讨》，《华夏文明》第二辑，北京大学出版社 1992 年版。

130. 何介钧《商文化在南方的传播》，《华夏文明》第二辑，北京大学出版社 1992 年版。

131. 彭适凡、许智范《江西文化渊源探索》，《目标·资源·构想》，文化艺术出版社 1992 年版。

132. 詹开逊《新干商墓出土的扁足鼎浅识》，《纪念山东大学考古专业创建 20 周年论文集》，山东大学出版社 1992 年版。

133. 李弦、适中《江西靖安寨下山遗址调查简报》，《南方文物》1992 年第 1 期。

134. 南昌县博物馆《江西南昌县古文化遗址调查》，《南方文物》1992 年第 1 期。

135. 彭明瀚《铜与中原王朝南侵》，《江汉考古》1992 年第 2 期。

136. 彭适凡、彭明瀚《新干商墓与殷墟妇好墓的对比研究》，《南方文物》1992 年第 2 期。

137. 孙华《新干大洋洲大墓年代简论》，《南方文物》1992 年第 2 期。

138. 詹开逊、刘林《从新干商鼎看吴城文化的性质》，《南方文物》1992 年第 2 期。

139. 徐菁《从新干商墓出土铜钺看钺的历史》，《南方文物》1992 年第 2 期。

140. 杜金鹏《略论新干商墓玉铜神像的几个问题》，《南方文物》1992 年第 2 期。

141. 詹开逊《从新干大墓出土的人首纹戈谈起》，《中国文物报》1992 年 4 月 30 日。

142. 李玉林等《江西樟树古遗址的类型》，《考古》1992 年第 4 期。

143. 王敬《从考古发现谈江西古代文化渊源》，《南方文物》1992 年第 3 期。

144. 龙庆等《江西早商文化遗存的发现与研究》,《东南文化》1992年第 3、4 期。

145. 詹开逊《新干商鼎的断代及其地方特色》,《故宫文物月刊》总110 期。

146. 邵鸿《江西大洋洲商墓主人族属蠡测》,《争鸣》1992 年第 6 期。

147. 江西省文物考古研究所、德安县博物馆《江西德安米粮铺遗址发掘简报》,《南方文物》1993 年第 2 期。

148. 丘文彬等《江西德安、永修界牌岭商周遗址调查》,《南方文物》1993 年第 2 期。

149. 彭明瀚《关于新干商墓虎形象的几个问题》,《南方文物》1993年第 2 期。

150. 彭适凡《江西新干商周时期青铜礼器的造型与装饰艺术》,《南方文物》1993 年第 2 期。

151. 高至喜《论中国南方商周时期铜铙的型式演变与年代》,《南方文物》1993 年第 2 期。

152. 末房由美子《论江西新干商墓出土的青铜方鼎》,《南方文物》1993 年第 2 期。

153. 袁进《吴城文化族属句吴说》,《南方文物》1993 年第 2 期。

154. 李再华《吴城文化的再认识——有关文明问题的讨论》,《南方文物》1993 年第 2 期。

155. 王敬《论商代江西青铜文明之源》,《南方文物》1993 年第 2期。

156. 万全文《商代长江流域青铜文明之源》,《南方文物》1993 年第 2 期。

157. 石凡《新干青铜王国的考察》,《中国文物报》1993 年 7 月 1日。

158. 肖一亭《江西古代文明的起源》,《南方文物》1993 年第 3 期。

159. 肖文评《试论先秦时期江西居民和文化的土著性》,《南方文物》1993 年第 3 期。

160．李昆《试论吴城遗址文化类型与分布》,《东南文化》1993 年第 3 期。

161．江西省文物考古研究所、樟树市博物馆《樟树吴城遗址第七次发掘简报》,《文物》1993 年第 7 期。

162．孙华《关于新干大洋洲大墓的几个问题》,《文物》1993 年第 7 期。

163．彭适凡、杨日新《江西新干商代大墓文化性质刍议》,《文物》1993 年第 7 期。

164．詹开逊、刘林《谈新干商墓出土的青铜农具》,《文物》1993 年第 7 期。

165．卢本珊、刘诗中《铜岭商周铜矿开采技术初步研究》,《文物》1993 年第 7 期。

166．詹开逊《新干大墓出土的青铜礼器》,《故宫文物月刊》总第 120 期, 1993 年。

167．杜迺松《新干出土铜器小议》,《中国文物报》1993 年 7 月 11 日。

168．孙华《玉鬼神面小议》,《中国文物报》1993 年 7 月 11 日。

169．石凡《新干青铜王国遗存的考察》,《中国文物报》1993 年 7 月 11 日。

170．孙华《凸好郭器的渊源》,《中国文物报》1993 年 11 月 14 日。

171．孙华《铜卧虎的联想》,《中国文物报》1993 年 11 月 28 日。

172．江西省博物馆等《长江中游青铜王国——江西新干出土青铜艺术》, 两木出版社 1994 年版。

173．杨建芳《略论有领环的起源、传播与用途》,《中国文物报》1994 年 1 月 9 日。

174．彭适凡、许智范《赣鄱文化论》,《江西社会科学·赣文化与 21 世纪学术研讨会专辑》1994 年增刊。

175．张英明《三苗文化: 赣文化古老的源头》,《江西社会科学·赣文化与 21 世纪学术研讨会专辑》1994 年增刊。

176．彭适凡、许智范《中国南方青铜器暨殷商文明国际学术研讨会纪要》，《南方文物》1994 年第 1 期。

177．林巳奈夫《新干大洋洲出土青铜器的年代刍议》，《南方文物》1994 年第 1 期。

178．贾峨《关于新干大墓的几个问题的探讨》，《南方文物》1994 年第 1 期。

179．陈旭、李友谋《新干大洋洲商墓的年代和性质》，《南方文物》1994 年第 1 期。

180．方酉生《从新干大洋洲商墓的发现看商王朝的南土》，《南方文物》1994 年第 1 期。

181．杨升南《新干大洋洲商墓中的铜犁、商代的犁耕和甲骨文中的犁字》，《南方文物》1994 年第 1 期。

182．张永山《武丁南征与江南"铜路"》，《南方文物》1994 年第 1 期。

183．陈贤一等《新干商墓与江南商代文明》，《南方文物》1994 年第 1 期。

184．王水根《鸟图腾及其相关问题》，《南方文物》1994 年第 1 期。

185．区家发《吴城文化渊源蠡测》，《南方文物》1994 年第 1 期。

186．彭明瀚《江西新干大洋洲商代遗存性质新探》，《中原文物》1994 年第 1 期。

187．詹开逊《从新干青铜器造型看商代中原文化对南方的影响》，《中原文物》1994 年第 1 期。

188．国光虹《刑天考》，《中原文物》1994 年第 1 期。

189．高西省《论周原地区出土的几种异形青铜兵器——兼论新干大墓的年代》，《文博》1994 年第 1 期。

190．李家和等《德安陈家墩出土木竹器》，《中国文物报》1994 年 4 月 17 日。

191．张玉石《中国南方青铜器及中原商王朝与南方的关系》，《南方文物》1994 年第 2 期。

192. 杜金鹏《试论江西商代文化的几个问题》，《南方文物》1994年第 2 期。

193. 裴明相《江西商代铜器与二里岗商文化》，《南方文物》1994年第 2 期。

194. 苏荣誉、彭适凡《新干青铜器群技术文化属性研究》、《南方文物》1994 年第 2 期。

195. 徐心希《试论新干大洋洲青铜器群的族属及相关问题》，《南方文物》1994 年第 2 期。

196. 詹开逊、刘林《初论新干青铜器的地方特色》，《南方文物》1994 年第 2 期。

197. 李昆《试论新干商墓的几个问题》，《南方文物》1994 年第 2 期。

198. 唐嘉弘《江西青铜文化三题》，《南方文物》1994 年第 2 期。

199. 吴之邨《三把伞得名考》，《南方文物》1994 年第 2 期。

200. 江西省文物考古研究所、德安县博物馆《江西德安蚌壳山遗址发掘简报》，《南方文物》1994 年第 3 期。

201. 唐嘉弘《关于江西大洋洲商周遗存性质的问题》，《中原文物》1994 年第 3 期。

202. 许智范《江西新干大洋洲青铜器群及有关问题》，《故宫博物院院刊》1994 年第 3 期。

203. 詹开逊《新干大墓出土青铜乐器初论》，《故宫文物月刊》第139 期，1994 年。

204. 金正耀等《江西新干大洋洲商墓青铜器的铅同位素比值研究》，《考古》1994 年第 8 期。

205. 詹开逊《谈新干大洋洲商墓出土的青铜兵器》，《文物》1994年第 12 期。

206. 彭明瀚《试论铜对商文化南传赣鄱流域的影响》，《夏商文明研究——1991 年洛阳"夏商文化国际研讨会"专辑》，中州古籍出版社

1995 年版。

207．黄水根《江西吴城文化的渊源及其发展》，《夏商文明研究——1991 年洛阳"夏商文化国际研讨会"专辑》，中州古籍出版社 1995 年版。

208．朱爱芹《江西新干青铜器的发现所揭示的几个问题》，《夏商文明研究——1991 年洛阳"夏商文化国际研讨会"专辑》，中州古籍出版社 1995 年版。

209．詹开逊《试论新干青铜器的装饰特点》，《考古》1995 年第 1 期。

210．江西省文物考古研究所、樟树市博物馆《江西樟树吴城商代遗址第八次发掘简报》，《南方文物》1995 年第 1 期。

211．贝格立著，汪宁译《中国长江中游地区的商代青铜器》，《南方文物》1995 年第 1 期。

212．彭明瀚《盘龙城与吴城比较研究》，《江汉考古》1995 年第 2 期。

213．彭明瀚《商代青铜铸币蠡测》，《南方文物》1995 年第 2 期。

214．邵鸿《新干大洋洲所出商代斧币考》，《南方文物》1995 年第 2 期。

215．杨军《谈新干商代大墓出土的蛙形玉饰》，《南方文物》1995 年第 2 期。

216．方酉生《新干商墓为"浮沉"祭场说质疑》，《南方文物》1995 年第 2 期。

217．江西省文物考古研究所、德安县博物馆《江西德安县陈家墩遗址发掘简报》，《南方文物》1995 年第 2 期。

218．彭明瀚《商代虎方文化初探》，《中国史研究》1995 年第 3 期。

219．彭明瀚《江西新干商代青铜农具浅析》，《中原文物》1995 年第 4 期。

220．彭适凡《江西新干出土商代青铜礼器及相关问题》《中国文物世界》第 122 期，1995 年。

221．刘诗中《探索青铜文明之路》，《中国文物报》1996 年 6 月 9、16、23、30 日，7 月 7、14 日。

222．彭适凡《江西新干出土商代青铜兵器研究》，《东南考古研究》（一），厦门大学出版社 1996 年版。

223．黄水根、申夏《江西吴城商代遗址窑炉的新发现与研究》，《福建文博》1996 年第 2 期。

224．彭明瀚、陈树祥《试论商王朝对南土方国的战争》，《江汉考古》1996 年第 2 期。

225．贝格立《长江流域青铜器与商代考古》，《南方文物》1996 年第 2 期。

226．彭明瀚《商代赣境戈人考》，《南方文物》1996 年第 4 期。

227．彭适凡《有关新干商代大墓的两个问题》，《吴越地区青铜器研究论文集》，两木出版社 1997 年版。

228．马承源《吴越文化青铜器研究》，《吴越地区青铜器研究论文集》，两木出版社 1997 年版。

229．苏荣誉等《新干商代大墓青铜器铸造工艺研究》，《新干商代大墓》附录九，文物出版社 1997 年版。

230．彭适凡《一件诡秘怪谲的商代神人兽面铜头像》，《南方文物》1997 年第 1 期。

231．杨美莉《浅论江西新干出土的玉羽人》，《南方文物》1997 年第 1 期。

232．刘诗中、卢本珊《铜岭铜矿遗址出土竹木器研究》，《南方文物》1997 年第 1 期。

233．彭适凡《江西新干出土商代青铜兵器及相关问题》《中国文物世界》1997 年第 2、3 期。

234．刘诗中《铜岭古铜矿性质探讨》，《华夏考古》1997 年第 3 期。

235．彭明瀚《玉羽人与苗民》，《中国文物报》1998 年 4 月 22 日。

236．彭明瀚《伏鸟双尾虎与枭阳》，《中国文物报》1998 年 7 月 8 日。

237. 彭适凡《吴城文化与青铜王国》,《中国文物报》1998 年 7 月
12 日。

238. 彭明瀚《南方商代文明的新篇章——读新干商代大墓》,《中国
文物报》1998 年 8 月 12 日。

239. 李家和《江西商文化遗存的发现与研究——兼论大洋洲遗存之
性质》,《中国商文化国际学术会议论文集》,中国大百科全书出版社
1998 年版。

240. 高西省《初论江西新干大墓出土的三件铺》,《华夏考古》1998
年第 3 期。

241. 施劲松《读新干商代大墓——兼谈对新干商墓的再认识》,《考
古》1998 年第 9 期。

242. 江西省文物考古研究所等《江西德安石灰山商代遗址发掘简
报》,《南方文物》1998 年第 4 期。

243. 杨宝成《试论新干大墓》,北京大学考古系编《迎接二十一世
纪的中国考古学国际学术讨论会论文集》,科学出版社 1998 年版。

244. 彭适凡《长江流域古代青铜王国》,《中国文物报》1999 年 5 月
9 、12 、16 日。

245. 彭明瀚《太伯奔吴新论》,《殷都学刊》1999 年第 3 期。

246. 王水根《虎装饰母题与赣文化因子》,《南方文物》1999 年第 4
期。

247. 许智范《赣江、鄱阳湖地区的商代文明》,《东方博物》第 5
辑,浙江大学出版社 2000 年版。

248. 彭适凡《新干青铜器群研究中的几个问题》,《文物世界》2000
年第 1 、2 期。

249. 孙华《商代长江中游地区考古的新认识——读〈新干商代大
墓〉》,《南方文物》2000 年第 1 期。

250. 贾莹《新干商代大墓部分青铜器合金及其工艺特色之探讨》,
《博物馆研究》2000 年第 3 期。

251. 江西省文物考古研究所、德安县博物馆《江西德安陈家墩遗址

第二次发掘简报》,《南方文物》2000 年第 3 期。

　　252. 彭适凡《新干出土商代漆器玉附饰件探讨》,《中原文物》2000年第 5 期。

　　253. 江西省文物考古研究所等《江西瑞昌市檀树嘴商周遗址发掘简报》,《考古》2000 年第 12 期。

后 记

　　我自 1990 年四川大学历史系考古专业毕业以来，一直在江西从事先秦考古，尤其是吴城文化的研究工作，致力于收集相关的研究资料，关注吴城文化研究的学术历程，撰写了三十多篇相关的学习心得公开发表。2001 年考入四川大学历史系考古专业，师从彭裕商教授攻读古器物与古铭刻学博士学位，在导师的鼓励与建议下，选择《吴城文化研究》作为博士论文选题，再一次集中时间和精力来研究吴城文化。我在四川大学图书馆偶然读到了张文彬先生主编、文物出版社出版的 20 世纪中国文物考古发现与研究丛书系列中的若干种著作，便蒙发了编写本书的念头。我当时想，如果能把在撰写博士学位论文过程中所收集而又没有用上的资料，根据丛书体例编写一本反映吴城文化学术历程的书，那将是一件多么好的事！经与该丛书编辑办公室刘曙光、宋新潮君联系，很快得到了他们的热情关心与鼓励，同意将我提出的选题列入丛书出版计划。经八个多月的艰辛编写，终于杀青，交付出版。

　　在本书即将出版的时候，还要感谢其他曾为我写作本书提供过不同形式帮助的师友：江西省文物考古研究所周广明副研究员为我提供了尚未公开发表的吴城遗址的发掘材料以及正在出版中的考古发掘报告《吴城》。我们经常一起讨论吴城遗址的相关问题，给我很大的启发，其诚可感！与本人一同在四川大学读书的师兄弟孔令远、邹芙都、仝涛、严和来等也曾给我很大的帮助。本馆同事彭适凡、刘诗中、王宁、叶蓉、赵元春、李宇、赵可明等也从不同方面给予帮助，在此一并致谢！

　　本人囿于考古资料的制约和研究视野的浅陋，疏误之处在所难免，敬希同行指正！随着考古新成果的不断涌现，吴城文化的研究将会深入下去。拙稿如能起到抛砖引玉的作用，我将深感荣幸！

彭明瀚

2005 年春于豫章蜗居

封面设计/张希广

责任印制/陆　联

责任编辑/周　成　陈　峰

图书在版编目（CIP）数据

吴城文化/彭明瀚著．－北京：文物出版社，2005.10

（20世纪中国文物考古发现与研究丛书）

ISBN　7－5010－1788－3

Ⅰ.吴…　Ⅱ.彭…　Ⅲ.青铜时代文化-研究-

江西省　Ⅳ.K871.3

中国版本图书馆CIP数据核字（2005）第103245号

20世纪中国文物考古发现与研究丛书

吴　城　文　化

彭明瀚/著

文 物 出 版 社 出 版 发 行

（北京五四大街29号）

http://www.wenwu.com

E-mail：web@wenwu.com

北京美通印刷有限公司印刷

新 华 书 店 经 销

850×1168　1/32　印张：7.125

2005年10月第一版　2005年10月第一次印刷

ISBN　7-5010-1788-3/K·946　定价：28元